Einfach & Raffiniert

Sachsens Spitzenköche verraten ihre Rezepte

Einfach & Raffiniert

Sachsens Spitzenköche verraten ihre Rezepte

Impressum

© edition Sächsische Zeitung
SAXO`PHON GmbH, Ostra-Allee 20, 01067 Dresden
www.editionsz.de

Alle Rechte vorbehalten.

1. Auflage Juni 2006

Redaktion & Lektorat: Dresdner Magazin Verlag GmbH

Satz & Gestaltung: Dresdner Magazin Verlag GmbH

Druck: Druckerei Thieme, Meißen

Fotonachweise:
CMA Centrale Marketing-Gesellschaft der deutschen Agrarwirtschaft mbH: Seiten 18/19, 30/31, 58/59, 114/115
„Deutsche See" Fischmanufaktur: Seiten 42/43
INFOOD Image Data Service OHG: Seiten 6, 130/131, 148/149
Ronald Bonß: Seiten 76, 77, 90, 91, 102, 103, 110-113
Stephan Floß: Titelfotos, Seiten 20-27, 32, 33, 36-41, 44-47, 50-53, 62-71, 74, 75, 78-83, 86-89, 92, 93, 96, 97, 100, 101, 104-109, 116-121, 124, 125, 128, 129, 132, 133, 136-145, 150, 151, 154-157
Veit Hengst: Seiten 48, 49, 54-57, 60, 61, 134, 135, 146, 147, 158, 159
Oliver Killig: Seiten 28, 29, 34, 35, 84, 85, 94, 95, 98, 99, 126, 127, 152, 153
Jürgen Lösel: Seiten 72, 73, 122, 123

ISBN(10):   3-938325-23-2
ISBN(13):   978-3-938325-23-0

Das Werk einschließlich aller seiner Teile ist urheberrechtlich geschützt. Jede Verwertung außerhalb der engen Grenzen des Urheberrechtsgesetzes ist ohne Zustimmung unzulässig und strafbar. Das gilt insbesondere für Vervielfältigungen, Übersetzungen, Mikroverfilmungen und die Einspeicherung und Verarbeitung in elektronischen Systemen.

Inhaltsverzeichnis

Editorial	7
Kochportraits	8
Fleisch	18
Geflügel	30
Fisch & Meeresfrüchte	42
Gemüse	58
Obst	114
Saucen, Suppen & Co.	130
Desserts	148
Register	160

Alle Rezepte in diesem Buch sind für jeweils 4 Personen.

Editorial

Liebe Genießerinnen und Genießer,

den Reiz des Kochens macht nicht allein die Aussicht auf das leckere Essen aus. Es sind die Tätigkeit selbst, das Einkaufen der Zutaten, die Vorbereitungen, der schön gedeckte, noch jungfräuliche Tisch, das Entkorken der Flasche guten Rotweins und nicht zuletzt das Warten auf die Gäste, die man zu einem langen Abend mit Gaumenfreuden und intensiven Gesprächen eingeladen hat, die das Kochen zu einem sinnlichen Erlebnis machen. Sie dabei zu begleiten, anzuregen und auch ein wenig zu unterhalten, ist Anliegen dieses Buches. Es ist verschwistert mit Augusto, dem Dresdner Magazin für Genuss und Lebensart, und gewährt Ihnen Zugang zu den Rezepten sächsischer Spitzenköche, deren Ausführung Sie sonst nur in gehobenen Restaurants genießen können.

Ich wünsche Ihnen viel Freude beim Stöbern oder gezieltem Suchen, allzeit gutes Gelingen sowie guten Appetit!

Ihr

Thomas Schultz-Homberg
Redaktionsleiter Augusto

Sachsens Spitzenköche

Holger Bartkowiak

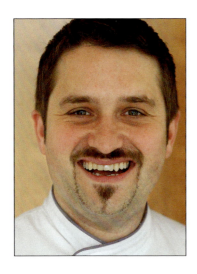

Restaurant: Restaurant Canaletto, Dresden

Geburtsdatum: 04. November 1968

Geburtsort: Berlin

Beruflicher Werdegang:
- Ausbildung im „Intercontinental Berlin"
- Jungkoch im Restaurant „Hugenotten", Berlin
- Restaurant „Grand Slam Berlin" (1 Stern als Sous-Chef)
- Seehotel „Waldfrieden", Brandenburg (15 Punkte, Gault Millau)
- Dorint Hotels (Potsdam, Berlin, Sylt)
- Eröffnung des Kaisersaals, Berlin
- Westin Bellevue, Dresden

Kochphilosophie: Erlaubt is(s)t was schmeckt.

Hobbys: Motorradfahren, meine Familie, Tauchen und immer wieder Kochen

Jean-Luc Bellon

Restaurant: Jean-Luc - das karibische Restaurant, Dresden

Geburtsdatum: 27. März 1964

Geburtsort: Les Abymes in Guadeloupe (Frankreich)

Beruflicher Werdegang:
- Ausbildung im Centre d'apprentissage
- Restaurant Surène, Paris; Georges V, Paris; Beaubourg, Paris
- Restaurant „Hirsch Sprüng", Detmold
- Bazar, Bielefeld; Shake peare, Weimar
- Villa Sorgenfrei, Radebeul
- Inhaber des Restaurants „Am Glacis", Dresden
- Inhaber des Restaurants „Jean-Luc – das karibische Restaurant"

Kochphilosophie: Jean-Luc – eine kulinarische Reise durch die Karibik

Hobbys: Golfen, Fußball im Winter, Tanzen, Trompete spielen

Portrait — Sachsens Spitzenköche

Klaus-Dieter Brüning

Restaurant: Historisches Fischhaus Albertpark, Dresden

Geburtsdatum: 18. Oktober 1959

Geburtsort: Wernigerode

Beruflicher Werdegang:
- Ausbildung im ehemaligen IH Potsdam
- NEWA Dresden
- Küchenchef und stellvertretender Küchen-Direktor im Hilton Dresden
- Mitglied des Aufbaustabs „Gewandhaus Dresden"
- Chefkoch im Restaurant „Marcollinis Vorwerk", Dresden
- Chefkoch im Restaurant „Ars Vivendi", Dresden

Kochphilosophie: Jahreszeitliche frische Küche mit Blüten und Kräutern

Hobbys: Sport, Musik (Rock, Punk), Kochbücher, Lesen allgemein

Thorsten Bubolz

Restaurant: Restaurant Lesage, Dresden

Geburtsdatum: 13. November 1969

Geburtsort: Melle (Niedersachsen)

Beruflicher Werdegang:
- Ausbildung im Hotel „Menzel", Melle
- Seehotel Meierhof (Schweiz)
- Arabella Grand Hotel Frankfurt
- Hotel „Les Sources des Alpes", Leukerbad Schweiz
- Kempinski Hotel Taschenberg
- Restaurant Lesage

Kochphilosophie: Klare, stimmige Gerichte auf das Wesentliche, den Geschmack konzentriert

Hobbys: meine Söhne, Fußball, Geschichte

Sachsens Spitzenköche

Vincent Clauss

Restaurant: Hotel Schloss Eckberg, Dresden

Geburtsdatum: 26. September 1971

Geburtsort: Straßburg (Frankreich)

Beruflicher Werdegang:
- Ausbildung im Restaurant „Zimmer", La Wantzenau
- Saisonkoch in der Schweiz
- Commis de Cuisine im Restaurant „Moulin de la Wantzenau"
- Commis de Cuisine in der „Winzerstube d`Alsace"
- Commis de Cuisine im Restaurant „Le Jardin", St. Ingbert
- Chef de Partie im Hotel „Taschenbergpalais", Dresden
- Küchenchef im Hotel „Schloß Eckberg", Dresden

Kochphilosophie: Immer nach vorn blicken!!! Positiv denken und vielleicht neue Trends erkennen.

Hobbys: Familie, Radfahren, guten Wein und gutes Essen

Margit Dippmann

Restaurant: Hilton Dresden

Geburtsdatum: Juli 69

Geburtsort: Meißen

Beruflicher Werdegang:
- Ausbildung im Hotel „Astoria", Leipzig
- IH Bastei und Newa, Dresden
- IH Dresdner Hof
- Training bei Sternekoch Stefan Häusler in Wetzlar
- Hilton Dresden, Restaurant Rossini
- Küchenchefin und seit 2002 Sous Chefin im Hilton Dresden

Kochphilosophie: Spiel der Aromen im Einklang mit dem Gaumen

Hobbys: Wandern, Fahrradfahren, Schwimmen, Kultur nach Bedarf

Karl-Heinz Ehle

Restaurant: Zum Kartoffelkeller, Dresden

Geburtsdatum: 04. September 1959

Geburtsort: Zerbst (Sachsen-Anhalt)

Beruflicher Werdegang:
- Ausbildung im Interhotel Potsdam zum Koch/Küchenmeister
- Chef de Partie im Motel Dresden
- Chefkoch im Restaurant „Elbterrasse Wachwitz"
- Sous Chef im Restaurant „Le Gourmet" (Hotel Dresdner Hof)
- Sous Chef im Restaurant „Ars Vivendi"
- Chefkoch im Restaurant „Zum Kartoffelkeller"

Kochphilosophie: frisch, naturbelassen, vielfältig, international

Hobbys: Wandern, Angeln, Sport, gemeinsames Kochen und Essen mit Freunden

Henrik Groß

Restaurant: Romantik-Hotel und Restaurant Pattis, Dresden

Geburtsdatum: 16. September 1975

Geburtsort: Dresden

Beruflicher Werdegang:
- Ausbildung im Hotel „Siegfriedbrunnen", Odenwald
- Inselhotel Vier Jahreszeiten, Noderney
- Vier Jahreszeiten am Schluchsee
- Hilton Dresden
- Wirtshaus Lindenschänke, Dresden
- Cap Merlot, Dresden
- Romantik-Hotel und Restaurant Pattis, Dresden

Kochphilosophie: Ich liebe es, einfache und zugleich raffinierte Gerichte zu kochen.

Hobbys: Fahrrad fahren, in Natur spazieren zu gehen und aus dieser Zutaten für Gerichte sammeln

Uwe Haufe

Restaurant: Villandry – Lust am Essen, Dresden

Geburtsdatum: 12. Mai 1974

Geburtsort: Bautzen

Beruflicher Werdegang:
- Ausbildung in Bayern
- Lessingstuben, Kamenz
- Hotel Vier Jahreszeiten, Hamburg
- Restaurant Cox, Hamburg
- Restaurant Marinas/ Sebastian und Moli des Terrent, Mallorca
- Gründer & Küchenchef des Restaurants Villandry, Dresden

Kochphilosophie: Einfache Küche: ehrlich, experimentell und ohne Schnörkel; Konzentration auf das Wesentliche: der Geschmack ist das Ziel.

Hobbys: Gut essen gehen, Kochen mit Freunden

Stefan Hermann

Geburtsdatum: 27. Dezember 1970

Geburtsort: Leonberg

Beruflicher Werdegang:
- Ausbildung im Schloss Höfingen
- Commis de Cuisine im Schloss Höfingen (1 Michelin Stern)
- Schloss Hotel Kurfürstliches Amtshaus, Daun
- Chef de Partie im Waldhotel „Sonnora", Dreis (3 Michelin Sterne)
- Regent Hotel, London
- Chef de Partie und Sous Chef im Restaurant „Schwarzwaldstuben der Traube", Tonbach (3 Michelin Sterne)
- Küchenchef des Restaurants „Caroussel" im Hotel Bülow Residenz, Dresden
- 2003 von Fachjury zum „Besten Koch in Sachsen" ausgezeichnet

Portrait | Sachsens Spitzenköche

Olaf Kranz

Restaurant: Schmidt´s Restaurant, Dresden

Geburtsdatum: 30. April 1979

Geburtsort: Bad Muskau

Beruflicher Werdegang:
· Ausbildung im HOGA Schloß Albrechtsberg/ Best Western Airport Hotel, Dresden
· Commis de Cuisine im Restaurant „König Albert", Dresden
· Sous Chef im Restaurant „König Albert", Dresden
· Chef de Cuisine im „Schmidt's Restaurant", Dresden

Kochphilosophie: à la Jamie Oliver

Hobbys: Eishockey, Fußball, Snowboard

Jörg Mergner

Restaurant: Restaurant Intermezzo, Dresden

Geburtsdatum: 26. August 1965

Geburtsort: Calbe (Saale)

Beruflicher Werdegang:
· Ausbildung im Ratskeller (Schönebeck)
· Restaurant Graues Haus, Oestrich-Winkel
· Frühsammers Restaurant, Berlin
· Chefkoch im Hotel „Taschenbergpalais Kempinski", Dresden

Kochphilosophie: Qualität setzt sich durch.

Hobbys: früher mal Fallschirmspringen, Schach, Musicals ansehen, alte Kochbücher sammeln

Sachsens Spitzenköche

Frank Ollhoff

Restaurant: petit frank, Dresden

Geburtsdatum: 3. März 1979

Geburtsort: Dresden

Beruflicher Werdegang:
- Ausbildung und Meisterschule in Straßburg (Frankreich) zum Küchenmeister
- Restaurant „Am Glacis", Dresden
- Eröffnung des Restaurants „Ars Vivendi", Dresden
- Eröffnung des Restaurants „petit frank", Dresden

Kochphilosophie: Nur die Qualität entscheidet den Erfolg.

Hobbys: Sammlung alter Kochbücher, meine Freundin, mein Restaurant

Mario Pattis

Restaurant: Romantik Hotel & Restaurant Pattis, Dresden

Geburtsdatum: 11. April 1969

Geburtsort: Dresden

Beruflicher Werdegang:
- Ausbildung in der TU-Mensa Dresden
- Restaurant „Erholung", Weißer Hirsch-Dresden
- Petermanns Kuststube, Küßnacht/Zürich
- Mitgliedschaft „Jeunes Restaurateures"
- Erster Michelinstern in den neuen Bundesländern (1995)
- Neueröffnung Romantik Hotel & Restaurant Pattis
- Koch des Monats in der Zeitschrift „Feinschmecker" (November 1998)

Hobbys: Essen gehen, Sport, Musik

Jean-Luc Renaud

Restaurant: Kaminrestaurant Schlosshotel Pillnitz, Dresden

Geburtsdatum: 06. Januar 1966

Geburtsort: Saint-Pierre d´Óféron (Frankreich)

Beruflicher Werdegang:
· International (Paris, London, San Diego, Singapore, München)

Kochphilosophie: Frische Produkte entsprechen der Qualität der Speisen.

Hobbys: Sport (allgemein) Laufen, Fahrrad fahren

Mandy Schubert

Restaurant: Hilton Dresden

Geburtsdatum: 27. August 1975

Geburtsort: Riesa

Beruflicher Werdegang:
· Ausbildung im Restaurant „Hahnen"
· Chef de Partie im Restaurant „Speisemeisterei" (2 Sterne), Stuttgart
· Junior Sous Chef im „Hotel am Schloßgarten", Stuttgart
· Sous Chefin im „Hotel am Schloßgarten", Stuttgart
· Küchenchefin im Hilton Dresden ROSSINI

Kochphilosophie: Kochen mit frischen Produkten, der Phantasie keine Grenzen gesetzt.

Hobbys: Kanu, Essen gehen, Freizeit mit meinem Ehemann genießen

Sachsens Spitzenköche

Dirk Wende

Restaurant: Restaurant Alte Meister, Dresden

Geburtsdatum: 1. Februar 1972

Geburtsort: Döbeln

Beruflicher Werdegang:
- Ausbildung in Dresden
- Romantikhotel, Zürich/Schweiz
- Küchenchef in Radebeul
- Küchenchef im Restaurant „König Albert", Dresden
- Küchenchef im Restaurant „Alte Meister", Dresden

Kochphilosophie: Das Produkt ist der Star in der Küche.

Hobbys: Gutes Essen in netter Begleitung, verlängerte Wochendtrips

Olaf Wendt

Restaurant: Berggasthof Butterberg, Bischofswerda

Geburtsdatum: 12. Februar 1974

Geburtsort: Räckelwitz

Beruflicher Werdegang:
- Ausbildung im Restaurant Haus Altmarkt und Schlossrestaurant Rammenau, Dresden
- Koch im Schlossrestaurant Rammenau, Dreden
- Küchenleiter und Lehrausbilder im Schlossrestaurant Rammenau, Dresden
- Küchenleiter bei der Berg-Gasthof Butterberg GmbH, Bischofswerda

Kochphilosophie: Bodenständiger Genuss und kreative Frische

Hobbys: Radfahren, Skilaufen, mein Beruf und gutes Essen

Jan Wenzel

Restaurant: Restaurant Lingner, Dresden

Geburtsdatum: 8. Juli 1971

Geburtsort: Görlitz

Beruflicher Werdegang:
- Ausbildung im Parkhotel Dresden
- Koch im Restaurant „Berghof", Königswinter
- Küchenchef im Restaurant „Art'otel", Dresden
- Marcolinis Vorwerk, Dresden
- Busmans Brazil, Dresden
- Lingner, Dresden

Kochphilosophie: Kreativ und mediterran schnelle, phantasievolle Küche

Fleisch

Fleisch | Rind

Einfach

Rindersteak-Kebab mit mediterranem Gemüse

Zutaten

1 EL Rosmarin
1 EL Thymian
1 Knoblauchzehe
1 EL Olivenöl
1,25 kg Rindersteak aus der Hüfte
1 Aubergine, 1 Zucchini
2 rote Paprika
150 g Joghurt, Curry
4 kleine Holzspieße

Je nach Lust und Laune lässt sich der Spieß auch mit Lammfleisch bestücken.

Zubereitung

Für die Marinade Rosmarin- und Thymianblättchen abzupfen und fein hacken. Knoblauchzehe schälen und zerdrücken. Die Kräuter und den Knoblauch mit dem Olivenöl vermischen. Das Rindfleisch in Würfel schneiden, mit der Marinade beträufeln und im Kühlschrank abgedeckt mehrere Stunden ruhen lassen. Aubergine, Zucchini und Paprika putzen und in grobe Würfel schneiden, dann abwechselnd ein Gemüse- und ein Fleischstück auf den Spieß stecken. Öl in der Pfanne erhitzen und den Spieß von jeder Seite drei Minuten braten. Joghurt mit Curry abschmecken und mit dem Spieß servieren.

Raffiniert

Gepfeffertes Rinderfilet mit geschmortem Chicorée

Zutaten

4 Rinderfilets à 200 g
4 Stück Chicorée
100 g Butter
3 TL Zucker
Salz, frisch gemahlener Pfeffer
100 ml Olivenöl
2 EL grob gemahlener schwarzer Pfeffer
2 TL Salz
2 TL Worcestersoße
Aïoli (Knoblauchmayonaise) zum Servieren

Zubereitung

Olivenöl, 2 EL Pfeffer, Salz und Worcestersoße verrühren, über das Rinderfilet träufeln und abgedeckt einen Tag im Kühlschrank ziehen lassen. Die Marinade abgießen und statt Öl in der Pfanne erhitzen. Die Rinderfilets fünf Minuten von jeder Seite anbraten, anschließend etwas ruhen lassen. Den Chicorée putzen, längs halbieren und in der Butter anbraten. Den Zucker dazugeben und leicht karamellisieren lassen, salzen, pfeffern und mit etwas Wasser ablöschen. Den Chicorée weitere zwei bis drei Minuten schmoren lassen, dann fächerförmig auf einem Teller anrichten und das Filet darauf setzen. Mit Aïoli servieren.

Uwe Haufe

Rindslendenbraten auf Waldpilzsoße

Zutaten

800 g Rinderfilet
50 g fetter Speck in Scheiben
50 ml Olivenöl
3 Lorbeerblätter
50 g Möhren
100 g Zwiebeln
100 g Waldpilze
50 g Sellerieknolle
100 ml trockenen Rotwein
500 ml Fleischbrühe
100 g Crème fraîche
Salz, Pfeffer

Zubereitung

Das Filet von Sehnen und Fett befreien. Das Fleisch mit Speckstreifen in Richtung Fleischfaser damit spicken. Fleisch würzen, in Olivenöl anbraten und aus der Pfanne nehmen.
Geputztes und gewürfeltes Wurzelgemüse im selben Öl anbraten, mit Rotwein ablöschen, gut einreduzieren lassen und mit der Fleischbrühe auffüllen.
Fleisch in den Fond legen, Lorbeer zufügen und 45 Minuten schmoren lassen. Fleisch entnehmen und abgedeckt an einem warmen Ort ruhen lassen. Soße abseihen, angebratene, gewürfelte Waldpilze zugeben. Mit Crème fraîche etwas binden. Fleisch in Scheiben schneiden und mit der Soße servieren.

Raffiniert

Flambiertes Chateaubriand auf Burgunderjus

Zutaten

800 g Rinderfilet
30 g Butter
50 ml Olivenöl
40 ml Weinbrand
300 ml Burgunder
Salz, Pfeffer

Als Beilage eignen sich Tomaten, Paprika, Zucchini, Auberginen, die in Olivenöl und Kräutern sautiert werden.

Zubereitung

Fleisch in heißem Olivenöl kräftig anbraten, dann bei mittlerer Hitze weiter braten und mit Salz würzen. Nun das Fleischstück mit dem entstandenen Fond übergießen.
Das Steak kann man dann ganz nach persönlichem Geschmack garen: Englisch (innen blutig, Fleisch lässt sich leicht eindrücken, Druckstelle bleibt); Medium (innen rosa, Fleisch federt bei Druckprobe leicht zurück) oder durchgegart (Fleisch bleibt bei Druckprobe fest). Etwa zwei Minuten vor Ende der Garzeit den Burgunder hinzufügen, das Steak mit dem Fond glacieren und den Fond gut durchkochen. Weinbrand erhitzen, entzünden und das Steak flambieren, das in schrägen Tranchen angerichtet wird.

Olaf Wendt

Fleisch | Lamm

Einfach

Lammcarré mit Rosmarinkartoffeln und gegrilltem Gemüse

Zutaten

500 g Lammcarré
60 ml Olivenöl
1 Zweig Thymian
2 Zweige Rosmarin
½ Knoblauchzehe
500 g Kartoffeln (geschält)
60 g Butter
8 Scheiben Zucchini
8 Scheiben Paprika (ohne Haut)
8 Scheiben Auberginen
Salz, Pfeffer

Zubereitung

Knochen des Lammcarrés putzen und dieses auf der Fettseite im Olivenöl anbraten. Thymian und ein Zweig Rosmarin zugeben. Dann das Carré drehen und 12 bis 15 Minuten bei 180 °C im Ofen garen, ca. 5 Minuten entspannen und unterm Grill goldgelb gratinieren.
Kartoffeln in Spalten schneiden und in Salzwasser weich kochen. Kartoffeln in der Butter schwenken und mit gehacktem Rosmarin bestreuen. Gemüse mit Salz und Pfeffer würzen, in der Grillpfanne von beiden Seiten grillen. Bei Bedarf etwas Olivenöl zugeben.

Raffiniert — Lamm | Fleisch

Karamellisierte Lammleberterrine

Zutaten

500 g Lammleber
150 g schieres Lammfleisch aus der Keule
350 g Räucherspeck
1 Zweig Thymian, 1 Zweig Rosmarin
100 ml roter Portwein
100 ml Madeira
20 g Zucker, 80 g Pistazien
Salz, Pfeffer, Balsamico-Essig

Zubereitung

Lammleber und Lammfleisch in kleine Würfel schneiden, mit Salz, Pfeffer, Balsamico und je $1/4$ von dem Madeira und Portwein marinieren. Zugedeckt 8 Stunden stehen lassen.
Dann das Fleisch zweimal, den Speck einmal durch die feine Scheibe des Fleischwolfes drehen. Kühl stellen. Den restlichen Portwein und Madeira sowie die Kräuter auf $1/3$ reduzieren, zur Masse geben, abschmecken. Die Fleischfarce durch das Sieb streichen, mit den Pistazien vermengen.
Eine Terrinenform mit Speck auskleiden, mit der Farce füllen und mit Speck abdecken. Die Form schließen und im Wasserbad bei 60 °C mindestens 55 Minuten pochieren. Terrine erkalten lassen, stürzen, in Tranche schneiden. Mit Zucker bestreuen, im Ofen bei Oberhitze karamellisieren, lauwarm anrichten.

Mario Pattis

Fleisch I Kaninchen — Einfach

Kaninchenkeule mit Semmelknödeln

Zutaten

4 Kaninchenkeulen
250 g Wurzelgemüse
(Sellerie, Zwiebel, Möhre)
0,5 l Bratenbrühe
600 g Waldpilzmischung
1 Zweig Thymian, Rotwein, 90 g Butter
4 Semmel (kleinwürfelig geschnitten)
$\frac{1}{8}$ l Milch, 1-2 Eier
50 g Mehl, Salz, Pfeffer,
Öl zum Anbraten

Zubereitung

Kaninchenkeulen anbraten, grob geschnittenes Wurzelgemüse mit anrösten, salzen, pfeffern. Mit Rotwein ablöschen und reduzieren, damit sich die Röststoffe und Aromen vom Bratenboden lösen. Brühe auffüllen, Thymian zugeben und alles im Ofen etwa 40 Minuten bei 160 Grad schmoren.
Kaninchenkeulen entnehmen; die Soße mit dem Gemüse pürieren und durch ein Sieb geben. Waldpilze in 50 g Butter anschwenken, salzen und pfeffern, unter die Soße heben.
Für die Zubereitung der Knödel Semmel in restlicher Butter anrösten, mit Milch übergießen und mit den restlichen Zutaten vermischen. Mittelgroße Klöße formen, erst in hitzebeständige Klarsichtfolie, dann in Alufolie einpacken. In kochendem Wasser 10 bis 15 Minuten garen.

Margit Dippmann

Raffiniert — Kaninchen | Fleisch

Kaninchencrêpinette mit Gnocchi

Zutaten

12 Kaninchenrückenfilets (etwa 1 kg)
200 g Schweinenetz, 2-3 große Kartoffeln
Salz, Pfeffer, Öl zum Anbraten
0,2 l Demi Glace (gebundener Fond)
1 cl Weißburgunder Spätlese
2 Zweige Rosmarin, 1 TL Butter
400 g mehlige Kartoffeln
1-2 Eier, 50 g Stärke, 100 g Mehl
Salz, Pfeffer, geriebene Muskatnuss

Zubereitung

Kaninchen von allen Seiten kurz anbraten. Die großen Kartoffeln schälen, grob reiben. Schweinenetz etwa 2 Stunden wässern, auf einem Tuch ausbreiten und die geriebenen Kartoffeln dünn auftragen, so dass je 3 Rückenfilets damit voll ummantelt werden können. Goldbraun anbraten und im Ofen etwa 6 Minuten bei 120 Grad garen.
Demi Glace, Weißburgunder und Rosmarin leicht einköcheln, vom Herd nehmen, Rosmarin entfernen und die Soße mit einem Teelöffel Butter binden. Für die Gnocchi die mehligen Kartoffeln kochen, schälen, durch Kartoffelpresse quetschen, restliche Zutaten unterkneten, kleine Röllchen formen, in 2 Zentimeter große Stücke teilen und mit dem Gabelrücken leicht eindrücken. In Salzwasser 10 bis 15 Minuten garen. Dazu passt winterliches Gemüse.

Margit Dippmann

Fleisch I Reh

Einfach

Rehmedaillons mit Gemüse

Zutaten

12 Rehmedaillons (à 60 g)
250 g weiße Champignons
500 g Wirsingstreifen (blanchiert)
100 g Speckstreifen
0,2 l Demi Glace (oder Wildfond)
20 g Waldblüten-Honig
1-2 Wacholderbeeren (zerstoßen)
frischer Rosmarin (gehackt)
Olivenöl zum Braten
Salz, Pfeffer, Muskatnuss

Zubereitung

Etwas Olivenöl erhitzen, die Rehmedaillons von beiden Seiten anbraten, mit Salz und Pfeffer würzen, danach ca. 5 Minuten bei 160 Grad im Ofen garen.
Demi Glace mit Honig, Wachholder und Rosmarin vermischen und etwa um die Hälfte reduzieren.
Champignons halbieren, ganz wenig Olivenöl in einem Topf erhitzen, die Speckstreifen auslassen und die Champignons darin braten, anschließend den Wirsing mit durchschwenken, mit Salz, Pfeffer und etwas Muskat abschmecken. Dazu passen Serviettenknödel.

Mandy Schubert

Raffiniert **Reh I Fleisch**

Rehrücken mit Preiselbeercrêpes

Zutaten

640 g Rehrücken ohne Knochen
460 g Rosenkohl (blanchiert)
120 g Mehl
4 Eier
240 ml Milch
320 g Butter
0,2 l Demi Glace (gebundener Fond)
120 g Preiselbeermarmelade
240 g Mini-Navetten (weiße Mini-Rüben)
40 g Haselnüsse (gemahlen)
Salz, Pfeffer
Muskatnuss
frischer Rosmarin
1 Prise Zucker

Zubereitung

Butter erhitzen, den Rehrücken von beiden Seiten anbraten, mit Salz, Pfeffer und Rosmarin würzen, danach für 4-5 Minuten bei 170 Grad im Ofen garen.
Für die Soße Haselnüsse mit Zucker anrösten, mit der Demi Glace auffüllen und um die Hälfte reduzieren, abschmecken.
Für die Crêpes Eigelb vom Eiweiß trennen, das Eiweiß steif schlagen, dann Mehl mit Eigelb und Milch zu einer glatten Masse verrühren, Preiselbeermarmelade hinzufügen und geschlagenes Eiweiß unterheben. Mit Salz und Pfeffer abschmecken. Etwas Butter in einer Pfanne erhitzen, mit dem Teelöffel kleine Teigklecke hineingeben und von beiden Seiten goldgelb backen. Rosenkohl und Mini-Navetten in Butter schwenken und abschmecken.

Mandy Schubert

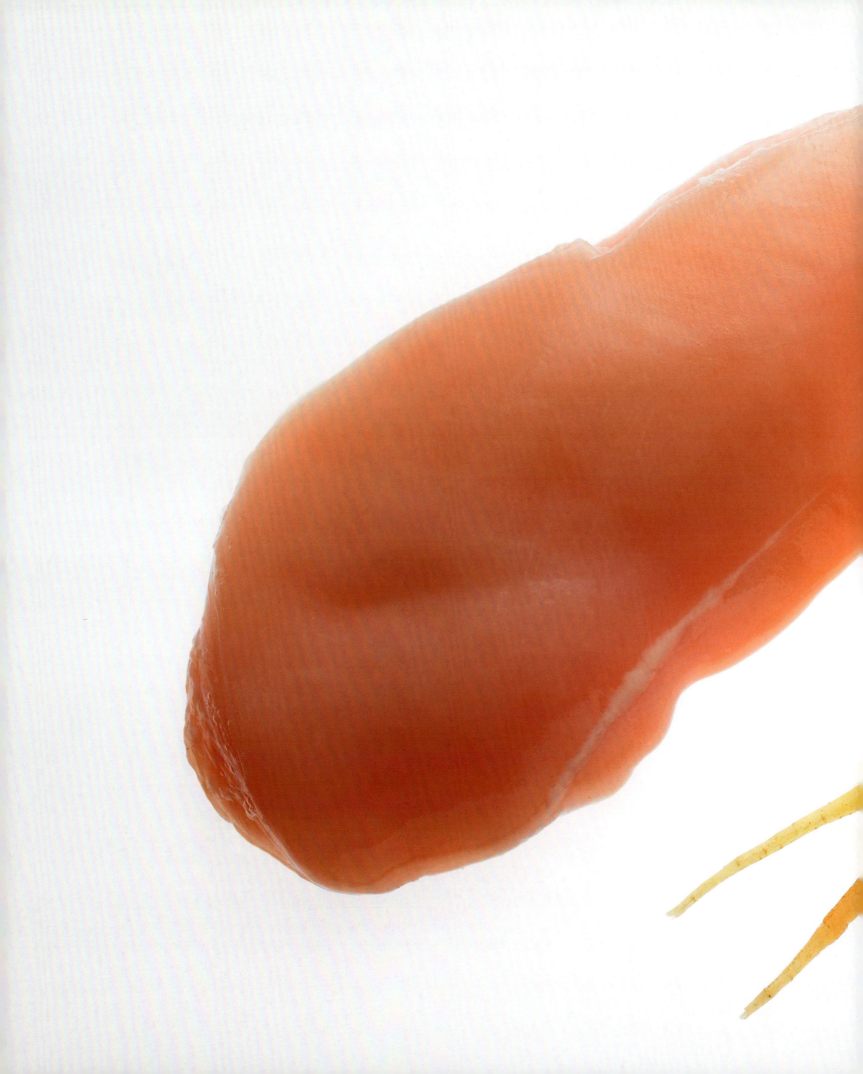

Geflügel

Geflügel | Maispoularde

Hähnchenbrust mit Nudeln und Pfifferlingen

Zutaten

4 Stück Maispoularde
300 g Bandnudeln
6-8 cl Weißwein zum Ablöschen
4 cl Portwein, 150 ml Sahne
Butter, 400 g Pfifferlinge
2-3 Lauchzwiebeln,
1 Knoblauchzehe
Salz, Pfeffer

Zubereitung

Das Fleisch salzen und pfeffern, in der Pfanne auf der Hautseite scharf anbraten, dann bei 180 Grad im Ofen 7 bis 8 Minuten garen, ruhen lassen.
Für die Soße das Bratfett mit Weißwein ablöschen, so dass sich der Bratenfond löst. Portwein und Sahne dazugeben, aufkochen und mit etwas Butter binden.
Für die Nudeln reichlich Salzwasser zum Kochen bringen, Nudeln dazugeben und bei geöffnetem Topf 10 Minuten bissfest garen. Abgießen. Pfifferlinge putzen, kurz in heißer Butter schwenken, mit Salz und Pfeffer abschmecken. Am Schluss klein gewürfelte Lauchzwiebeln und Knoblauch unterheben. Die Maispoularde in Scheiben schneiden, mit den Nudeln und den Pilzen anrichten. Soße darüber geben.

Raffiniert

Maispoulardenbrust mit Riesengarnelen

Zutaten

4 Stück Maispoulardenbrust
4 möglichst große Riesengarnelen
100 g Rucola, Salz, Pfeffer
Knoblauch, Olivenöl zum Marinieren
2 EL Orangensaft, 1 Knoblauchzehe
12 Zahnstocher, 200 g Erdbeeren
1 kleine rote Chilischote
6 cl trockener Weißwein
Pfeffer aus der Mühle
Beeren zum Garnieren

Zubereitung

Poulardenbrust mit Olivenöl, Knoblauch, Salz und Pfeffer einreiben. In die Fleischseite eine Tasche für die Füllung schneiden. Orangensaft und zerdrückte Knoblauchzehe verrühren, geputzte Garnelen darin marinieren.
Fleischtasche mit einigen Rucolablättern auslegen, Garnele darauf setzen, Fleischtasche mit 3 Zahnstochern schließen. Das Fleisch in der Pfanne auf der Hautseite scharf anbraten, im Ofen garen, in Scheiben schneiden.
Für das Chutney eine Hälfte der Erdbeeren pürieren, Rest fein würfeln. Chilischote entkernen, würfeln, anschwitzen. Alles mit Weißwein verrühren, mit Pfeffer abschmecken.
Zum Anrichten einen Kranz aus Salatblättern formen, Fleischscheiben in die Mitte setzen, mit Beeren und Chutney garnieren.

Dirk Wende

Geflügel | Perlhuhn

Einfach

Cassoulet vom Perlhuhn

Zutaten

420 g weiße Bohnen, 1 Zwiebel
1 Lorbeerblatt, 2 Nelken
200 g Suppengrün
200 g Speck- oder Schweineschwarte
1 Zweig Thymian, 4 cl Wasser
1 Gemüsezwiebel
80 g Kochspeck
400 g Perlhuhn, 1 Knoblauchzehe
3 EL Tomatenpüree

Zubereitung

Bohnen vier bis sechs Stunden in Wasser quellen lassen. Zwiebel mit Lorbeer und Nelken bestecken. Suppengrün mit Thymian und Speckschwarte zusammenbinden. Bohnen abgießen, 2 dl Bohnenkochwasser zurückhalten, mit besteckter Zwiebel, Suppengrün, Wasser, Speck im Dampfkochtopf 20 Minuten kochen. Gemüsezwiebel hacken. Kochspeck würzen, anbraten. Zwiebeln beifügen, kurz dünsten. Knoblauch dazu pressen, mit 2 dl Bohnenkochwasser ablöschen. Tomatenpüree beifügen, köcheln. Alle Zutaten zu den Bohnen geben, im Dampfkochtopf rund 20 Minuten kochen. Perlhuhn und Speck rausnehmen, in Scheiben schneiden. Schwarte im Suppengrün in Streifen, Gemüse in Stücke schneiden. Bohnen mit Huhn, Speck, Gemüse, Pfeffer lagenweise in eine Form geben, 40 Minuten bei 175 Grad im Ofen backen.

Raffiniert — Perlhuhn | Geflügel

Perlhuhnsuprême in einer Trüffel-Gemüse Soße

Zutaten

680 g Perlhuhnbrust, 20 g Trüffelbutter
0,3 l Geflügelfond, 380 g Kartoffeln
½ Zwiebel, 12 Kaiserschoten
8 Möhrenspalten, 4 Zucchini
0,2 l Weißwein, 0,5 l Wasser
1 Prise Zucker, Mehl
0,2 l Sahne, Salz, Pfeffer
Thymian, Öl, Petersilie, Muskatnuss
Butter, frische Kräuter nach Wahl

Zubereitung

Die Perlhuhnbrust auf der Fleischseite mit Salz, Pfeffer und Thymian würzen. Gewürfelte Kartoffeln in Pfanne mit Öl goldgelb sautieren, würzen und mit gehackter Petersilie verfeinern. Gewürzte Perlhuhnbrust mit Mehl bestäuben und in Pfanne auf Fleischseite anbraten, dann auf die Hautseite drehen und 4-6 Minuten im Ofen garen.

Gemüse in einem Fond aus Wasser, Salz, Zucker, Muskatnuss und Butter garen. Für die Soße Geflügelabschnitte, Möhren und das andere Gemüse mit Zwiebeln braten. Mit Mehl bestäuben und mit dem Weißwein ablöschen. Mit 0,5 l Wasser auffüllen und frische Kräuter nach Wahl zugeben und 55 Minuten kochen. Den Fond durch ein feines Sieb passieren, etwa 50-60 cl Fond zusammen mit der Sahne in einem Topf langsam aufkochen, mit Trüffelbutter verfeinern.

Jean-Luc Bellon

Geflügel I Gans — Einfach

Gänsekeule mit Kartoffelgratin

Zutaten

4 Gänsekeulen
400 ml Rotwein, 1 l Fond
4 gekochte Pellkartoffeln
100 g Reibekäse zum Überbacken
20 ml Milch, 1 Apfel
50 g Butter, 50 g Zucker,
1 Rote Bete (gekocht, nicht eingelegt)
30 ml Olivenöl
Salz, Pfeffer, Zimt
Weißwein, Wasser

Zubereitung

Die Gänsekeulen mit Salz, Pfeffer und Zimt würzen, anbraten, mit Rotwein ablöschen und mit Fond aufgießen. Die Keulen im Sud 2,5 Stunden im Ofen bei 180 Grad garen.
Für das Gratin die Kartoffeln schälen, in Scheiben schneiden. Apfel in Spalten schneiden, in Butter anschwitzen und mit Zucker, Salz und Pfeffer würzen. Kartoffeln und Apfelspalten in einer Auflaufform schichten, Milch dazugeben, alles mit Käse belegen und 7 Minuten bei 180 Grad überbacken.
Für das Püree die gekochte Rote Bete klein schneiden, in Olivenöl anschwitzen, mit etwas Wasser und Weißwein aufgießen, so dass das Gemüse mit der Flüssigkeit bedeckt ist. Alles pürieren, durch ein Sieb passieren und abschmecken.

Raffiniert Gans | Geflügel

Salat von lauwarmer Gänsebrust

Zutaten

1 Gänsebrust
50 ml Olivenöl,
½ Rotkohl
20 ml Grand Marnier
2 Äpfel
50 ml Rotwein
2 Orangen
20 ml Sojasoße
100 ml Honig
Essig, Salz, Pfeffer, Zucker, Zimt
Lebkuchengewürz, Thymian

Zubereitung

Die Gänsebrust in Olivenöl anbraten und im Ofen 90 Minuten bei 160 Grad garen. Das Rotkraut raspeln, in Salzwasser, etwas Essig und Zucker garen und abkühlen lassen. Die Äpfel in sehr kleine Würfel schneiden. Das Rotkraut mit Salz, Pfeffer, Zimt, Lebkuchengewürz, Grand Marnier, Rotwein, Olivenöl und den Äpfeln mischen. Die Orangen schälen und filetieren, mit Thymian vermischen und etwas ziehen lassen. Honig und Sojasoße vermischen und bei kleiner Hitze einreduzieren.

Zum Anrichten die Gänsebrust in Scheiben schneiden, fächerförmig auf dem Teller anrichten. Rotkraut daneben setzen, mit den Orangefilets verzieren und der Honig-Soja-Reduktion beträufeln.

Frank Ollhoff

Gebratene Entenbrust auf Linsen mit Lavendel

Zutaten

4 Entenbrüste à 180 g
50 g Lavendelhonig
100 ml Jus, 30 g kalte Butter
2 Bund Karotten, 250 g Zuckerschoten
250 g feinen Spargel
1 Bund Frühlingslauch
350 g Beluga Linsen, 2 Schalotten
Zucker, Salz, Pfeffer
2 EL alter Balsamico-Essig
80 ml geschlagene Sahne

Zubereitung

Entenbrust auf der Fettseite leicht anritzen und von beiden Seiten anbraten. Anschließend mit dem Lavendelhonig bestreichen. Die Ente braucht ca. 8 Minuten bei 180°C im Ofen und noch mal 4 Minuten zum Ruhen.
Aus der Pfanne mit etwas Jus und Butter die Sauce ziehen. Gemüse putzen und säubern. Die Möhren in leichtem Salzwasser kochen. Den Rest in einer Kasserolle mit Butter, Zucker und einer Prise Salz anschwitzen und die Karotten kurz vor Schluss zugeben.
Die Linsen mit kaltem Wasser und Salz ansetzen, für ca. 20 Minuten leicht simmern lassen und abgießen. Schalotten anschwitzen, die Linsen zugeben, mit Salz und Pfeffer abwürzen und mit Balsamico ablöschen. Einen Löffel geschlagene Sahne dazugeben und anrichten.

Raffiniert Ente | Geflügel

Crêpinette von der Ente mit Gänsestopfleber und Bollenpiepen

Zutaten

2 Entenbrüste à 180 g, 20 ml Sahne
je ein Zweig Estragon und Kerbel
Schweinenetz o. Löcher (30x30 cm)
80 g Gänsestopfleber, 50 ml Rotwein
40 g kalte Butter, 50 ml Jus
1 Bund Bollenpiepen (Lauch)
250 g Erbsenschoten
1 Bund junge Karotten
200 g Morcheln, 2 Schalotten
Salz, weißer Pfeffer, Zucker

Zubereitung

Entenbrust leicht anbraten. Die Filets von der Ente fein gehackt und mit der Sahne in der Moulinette zu einem feinen Fleischbrät (Farce) zerkleinern und mit Salz und weißem Pfeffer abschmecken. Kerbel und Estragon fein gehackt unter die Farce rühren, auf das gewässertes Schweinenetz ausbreiten und glatt streichen.
Die geputzte Gänsestopfleber leicht salzen, zwischen den zwei Brüsten einpacken, in einer Pfanne anbraten und bei 160°C ca. 12-17 Minuten im Ofen garen. Die Pfanne mit Rotwein ablöschen, einkochen lassen, die Jus dazu geben und mit der kalter Butter aufmontieren.
Bollenpiepen unten einschneiden und mit den Erbsen und Karotten sowie mit etwas Wasser, Zucker und einer Prise Salz blanchieren. Die frischen Morcheln mit Schalotten anschwitzen.

Holger Bartkowiak

Geflügel I Fasan — Einfach

Fasanenbrust im Speckmantel

Zutaten

4 Fasanenbrüste
8 dünne Scheiben Bauchspeck
400 g Sauerkraut
je 1 Glas Weißwein und Apfelsaft
2 kleine Zwiebeln
Salz, Pfeffer, Zucker
Piment, Lorbeer, Majoran
gemahlener Kümmel
1 kg gekochte Kartoffeln
1 mittelgroße Sellerieknolle
½ l Milch, Butter
Muskatnuss, Zitronensaft

Zubereitung

Fleisch rundherum leicht würzen, jede Brust mit zwei Speckscheiben einwickeln, kühl stellen.

Für das Kraut Zwiebeln fein hacken, anschwitzen, mit wenig Zucker karamellisieren, Kraut dazugeben, mit Apfelsaft ablöschen, die Gewürze im Tuch als Bündel dazugeben. Fond fast komplett einkochen, dann mit Weißwein abschmecken.

Für das Püree die Sellerie schälen, weich kochen und mit der Milch pürieren. Die gekochten Kartoffeln dazupressen, etwas Butter unterrühren, mit Muskat und Zitrone abschmecken. Fleisch in der heißen Pfanne kurz anbraten, dann im vorgeheizten Ofen bei 200 Grad etwa fünf Minuten garen. Mit Kraut und Püree anrichten.

Raffiniert

Gefüllte Fasanenbrust mit Nougat-Chili-Sauce

Zutaten

4 Fasanenbrüste
einige Zweige Thymian, Knoblauch
3 Schalotten, 1 Packung Spekulatius
100 g Rosinen, Butter
1 Apfel, Zimt, Honig
Schale einer unbehandelten Zitrone
1 l Geflügelbrühe
50 g Nougat, 1 Chilischote
¼ l Sahne, 1 Glas Rotwein
Portwein, 1 Spritzer Balsamico-Essig
Salz, Pfeffer, Mehl

Zubereitung

Schalotten und Apfel fein würfeln, anschwitzen. Eingeweichte Rosinen und fein zerkleinerten Spekulatius dazugeben. Mit Zitronenschale, Zimt und Honig aromatisieren, mit Butter zu einer geschmeidigen Masse verkneten, ziehen lassen.
Für die Soße Brühe auf ein Viertel einkochen, klein geschnittene Chili (ohne Kerne) dazugeben, Nougat darin auflösen, mit Rot- und Portwein aufkochen, mit Sahne und Balsamico abschmecken. Eventuell mit Mehlschwitze abbinden. Fleisch salzen, pfeffern, an der Unterseite taschenförmig einschneiden, füllen, mit einem Zahnstocher fixieren. Thymian und Knoblauch in der Pfanne anbraten, Fleisch kurz dazugeben, dann im Ofen bei 200 Grad etwa 5 Minuten garen.

Olaf Kranz

Fisch & Meeresfrüchte

Fisch & Meeresfrüchte I Lachs

Gegrillter Lachs

Zutaten

750 g Lachs
40 g Meersalz
30 g Zucker
1 TL Pfefferkörner
1 Bund Dill
60 ml Cognac
1 Limette (Abrieb), Kerbel, Petersilie
Koriander nach Geschmack

Die Beize eignet sich auch für einen ganzen Lachs, dann die Menge entsprechend erhöhen und den Fisch zwei Tage ruhen lassen.

Zubereitung

Das Lachsfilet putzen und in vier gleich große Teile schneiden. Mit der Hautseite in eine Auflaufform legen. Meersalz, Zucker und Pfefferkörner in einem Mörser zerstoßen. Dill und die anderen Kräuter mit einem Messer fein schneiden und über dem Lachs verteilen. Die Salzmischung und den Abrieb der Limette darüber geben. Mit dem Cognac beträufeln. Die Auflaufform mit Klarsichtfolie abdecken und einen Tag im Kühlschrank ziehen lassen.
Vor dem Grillen das Filet mit kaltem Wasser abwaschen, dann mit etwas Olivenöl bestreichen und auf dem Rost von beiden Seiten etwa zwei bis drei Minuten lang grillen.

Raffiniert — Schwertfisch | Fisch & Meeresfrüchte

Geräucherter Schwertfisch vom Grill mit Guacamole

Zutaten

750 g Schwertfisch
20 g Meersalz, 20 ml Olivenöl
grober Pfeffer aus der Mühle
2 Limetten (Abrieb)
60 g Buchenspäne (Baumarkt)
Aluminiumfolie
2 reife Avocados
50 g fein gehackte Zwiebeln
120 g Tomaten
1 EL Limettensaft, 1 Chilischote
2 EL Olivenöl, Salz, Pfeffer

Zubereitung

Schwertfischfilet in vier dicke Steaks schneiden, salzen und pfeffern. Limettenabrieb mit Olivenöl vermischen und darüber geben, im Kühlschrank eine Stunde ruhen lassen. Grill vorheizen. Aus Alufolie eine kleine Schale formen, Buchenspäne hineingeben.
Die Schale auf die Glut stellen, Rost auflegen. Steaks grob von der Marinade befreien, bei geschlossenem Deckel von beiden Seiten etwa zwei Minuten grillen. Für die Guacamole Avocados halbieren, Fruchtfleisch auskratzen und mit der Gabel fein zerdrücken. Tomaten und Chilis entkernen und fein würfeln, Zwiebeln glasig dünsten und zur Avocado geben. Mit Limettensaft, Olivenöl und Gewürzen abschmecken.

Henrik Groß

Fisch & Meeresfrüchte I Matjes

Matjes nach Hausfrauenart

Zutaten

8 Matjes-Doppelfilets
1 Apfel
4 Gewürzgurken
⅓ Salatgurke
1 Zwiebel
250 ml saure Sahne
200 g Kartoffeln
100 g grüne Bohnen
50 g gewürfelter Speck
Salz, Pfeffer
Butter

Zubereitung

Für die Soße Salatgurke und die Zwiebel schälen und ebenso wie die Gewürzgurken und den ungeschälten Apfel in sehr kleine Würfel schneiden. Mit saurer Sahne vermischen und mit Salz und Pfeffer abschmecken.
Kartoffeln kochen, schälen und in Butter erhitzen. Bohnen und Speck in einer Pfanne anschwitzen, danach mit Salz und Pfeffer würzen und abschmecken.
Je zwei Matjes-Doppelfilets auf einen Teller legen, die erwärmten Kartoffeln darauf anrichten und zum Abschluss nach Belieben mit der Soße servieren.

Vincent Clauss

Raffiniert   Matjes I Fisch & Meeresfrüchte

Matjes in Variationen

Zutaten

8 Matjes-Doppelfilets
5 Radieschen
1 Gewürzgurke
ein kleines Stück Salatgurke
2 Scheiben Vollkornbrot
Butter
Schnittlauch
200 ml Crème fraîche
3 Blatt (oder 60 g) Gelatine
Zitrone
Pfeffer
100 g grüne Bohnen
50 g gewürfelter Speck

Zubereitung

Für den Matjestatar Matjes würfeln, mit klein gewürfelten Radieschen, Salat- und Gewürzgurkenwürfeln vermengen und mit Schnittlauch vollenden. Auf gebutterte Vollkornbrotscheiben setzen.

Für die Matjesterrine Crème fraîche leicht erhitzen, die Gelatine darin auflösen, mit Pfeffer und Zitrone würzen. Eine Terrinenform (oder kleine Schüssel) mit Matjes auslegen, Crème fraîche darüber gießen und 4 Stunden kalt stellen, dann stürzen.

Für den Speckbohnensalat Bohnen und Speck in der Pfanne anschwitzen, mit einem Filet auf dem Teller anrichten.

Vincent Clauss

Fisch & Meeresfrüchte I Kabeljau

Einfach

Kabeljau-Kartoffel-Eintopf mit frischem Blattsalat

Zutaten

600 g Kabeljau
2 mittelgroße Zwiebeln
3 Knoblauchzehen
1 kg fest kochende Kartoffeln
2 dl Weißwein
½ l Sahne
10 cl gutes Olivenöl
1 Zweig Thymian
1 kleines Stück Rosmarin
2 Lorbeerblätter
Salz
Pfeffer
Blattsalate nach Wahl

Zubereitung

Die Zwiebeln schälen und in feine Streifen schneiden, in Olivenöl glasig dünsten, gepressten Knoblauch dazugeben. Die Kartoffeln schälen und in große Würfel schneiden, roh zu den Zwiebeln geben und mit Weißwein ablöschen. Kräuter hinzufügen. Mit Sahne aufgießen und so lange köcheln lassen, bis die gewürfelten Kartoffeln gar gekocht sind. Dann den Fisch dazugeben. Den Eintopf langsam umrühren, bis das Fischfilet in feine Blätter zerfallen ist. Zum Schluss mit Salz und Pfeffer abschmecken und mit frischem Blattsalat anrichten.

Jean-Luc Renaud

Raffiniert — Kabeljau I Fisch & Meeresfrüchte

Mille-Feuille vom Kabeljau mit Wirsing und Balsamico

Zutaten

500 g Kabeljaufilet
4 Brickteig-Blätter (Feinkostladen)
1 Wirsing
100 g Schalotten
200 g Tomaten (geschält)
1 Knoblauchzehe
10 cl Balsamico-Essig
10 cl Kalbsfond
Olivenöl
Salz, Pfeffer, Zucker

Zubereitung

Wirsing fein schneiden, blanchieren, im Eiswasser abkühlen. Schalotten fein würfeln, in Olivenöl anschwitzen. Knoblauch, geschälte und gewürfelte Tomaten und den Wirsing dazugeben, 15 Minuten köcheln lassen.
Aus dem Brickteig runde Formen ausschneiden, in Olivenöl anbraten, bis er knusprig wird. Balsamico-Essig reduzieren (von 10 cl auf 3 cl), mit Kalbsfond aufgießen und nochmals reduzieren. Mit Zucker und Salz abschmecken.
Den Kabeljau in vier Portionen schneiden, würzen und in Olivenöl anbraten. Zum Anrichten abwechselnd ein Brickteigblatt, Wirsingkompott und Fisch übereinander schichten, zum Schluss mit einem Teigblatt abschließen.

Jean-Luc Renaud

Fisch & Meeresfrüchte I Thunfisch

Einfach

Crostini mit Thunfisch

Zutaten

400 g frischer Thunfisch
4 Limetten
1 Chilischote
3 EL Sesamöl
4 EL Kokosmilch (Asialaden)
1 Hand voll Koriandergrün
(oder getrocknete Korianderblätter)
2 EL Sesamsaat
Ingwerwurzel (oder 1 Msp. Ingwerpulver)
Sojasoße nach Geschmack
1 Stangenweißbrot

Zubereitung

Den frischen Thunfisch in Würfel schneiden und mit Limettensaft beträufeln. Die Chilischote längs aufschneiden, die Kerne entfernen, die Schote fein hacken. Koriandergrün fein hacken, die Ingwerwurzel schälen und ebenfalls fein hacken. Den Thunfisch mit dem Koriandergrün, der Ingwerwurzel (oder dem Ingwerpulver) und den restlichen Zutaten vermischen. Das Weißbrot in Scheiben schneiden, in der Pfanne rösten und den Thunfisch auf den Brotscheiben anrichten.

Uwe Haufe

Raffiniert Thunfisch I Fisch & Meeresfrüchte

Thunfisch mit Rote-Bete-Kürbissalat

Zutaten

400 g frischer Thunfisch
4 Limetten
4 Spritzer Fischsoße (Asialaden)
je ein kleines Bund Petersilie
Schnittlauch und Koriander
2 Stück Rote Bete, 200 g Kürbis
150 g Crème fraîche
Sojasoße und Wasabipaste (Asialaden)
Salz, 1 kleine Chilischote
Ingwer

Zubereitung

Limettensaft und Fischsoße vermischen, in einen Gefrierbeutel füllen und den Thunfisch dazugeben. Den Beutel fest verknoten und eine halbe Stunde in den Kühlschrank legen.
Die Kräuter fein hacken, die Rote Bete kochen und schälen. Rote Bete und rohen Kürbis in hauchdünne Scheiben hobeln. Kürbisscheiben salzen, mit etwas Limettensaft beträufeln, Chili (ohne Kerne) und Ingwer fein hacken, dazugeben und alles wie einen Krautsalat kneten. Thunfisch aus der Beize nehmen, in den gehackten Kräutern wenden und in fingerdicke Scheiben schneiden. Eine Hälfte der Crème fraîche mit Sojasoße, die andere mit Wasabipaste abschmecken. Salat und Fisch mit den Dips auf einem Teller anrichten.

Uwe Haufe

Fisch & Meeresfrüchte | Tintenfisch

Einfach

Gebackene Tintenfischringe

Zutaten

400 g Tintenfisch
300 g Kartoffeln
2 Schalotten
Schnittlauch
2 EL Sherry-Essig
Olivenöl
1 Msp. Safran
2 EL Mayonnaise
Sahne
1 l Pflanzenöl zum Frittieren
Salz, Pfeffer, Mehl zum Panieren
Blattsalate zum Garnieren

Zubereitung

Die Kartoffeln mit Schale kochen, schälen, in Scheiben schneiden. Schalotten schälen, hacken. Öl in der Pfanne erhitzen, Schalotten und Kartoffeln dazu, mit Essig, Salz, Pfeffer und geschnittenem Schnittlauch würzen. Tintenfisch putzen (Augen entfernen), in Ringe schneiden und in Mehl wenden. Öl in der Pfanne erhitzen, die Tintenfischringe goldbraun backen. Die Kartoffeln auf einem Teller anrichten, Tintenfischringe darauf legen. Für den Dip Mayonnaise mit Safran und Sahne verfeinern, verrühren und mit dem Fisch servieren. Nach Belieben mit Blattsalaten garnieren.

Raffiniert — Tintenfisch | Fisch & Meeresfrüchte

Fischpastete mit Calamar und schwarzer Soße

Zutaten

150 g Lachs, 200 g Tintenfisch
150 g Sahne (für die Farce)
1 Eiweiß, 100 g Blattspinat (blanchiert)
8 Blätter Frühlingsrollenteig (Asialaden)
1 dl Fischfond
1 dl Sahne (für den Fond)
15 g Tintenfischtinte
Noilly Prat (trockener Wermut)
4 Riesengarnelen, 6 Tomaten
Salz, Pfeffer, Olivenöl

Zubereitung

Lachs fein pürieren, Eiweiß und Sahne hinzugeben, salzen, pfeffern. Tintenfisch putzen, eine Hälfte in sehr feine Würfel schneiden, in Olivenöl anbraten, würzen, abkühlen, unter die Fischfarce mischen. Spinatblatt in eine kleine Kelle legen, Fischfarce einfüllen, mit Frühlingsrollenteig umwickeln, im vorgeheizten Ofen bei 180 Grad etwa 20 Minuten backen. Fischfond um ¾ reduzieren, Sahne dazugeben, nochmals reduzieren, Tinte dazugeben, mit Noilly Prat abschmecken. Restlichen Tintenfisch in Streifen schneiden, mit den Garnelen kurz in Olivenöl braten. Tomaten häuten, vierteln, bei mittlerer Hitze in Olivenöl „schmelzen". Pastete mit Tomaten, gebratenem Tintenfisch, Garnelen und der schwarzen Soße anrichten.

Jean-Luc Renaud

Fisch & Meeresfrüchte | Garnelen

Einfach

Gebratene Riesengarnelen mit Tomatenrose

Zutaten

pro Person 2-3 Riesengarnelen
2 cl Olivenöl extra virgine
Thymian, Rosmarin, Petersilie
2 Eigelb
150 ml kalt gepresstes Olivenöl
1 Knoblauchzehe
30 g frischer Basilikum
30 g Petersilie, Salz, Pfeffer
Milch

Zubereitung

Garnelen putzen und entdarmen; Schwanzende dran lassen. Die geputzten Garnelen im Olivenöl anbraten, danach (damit die Saftigkeit erhalten bleibt) mit Salz und Pfeffer würzen und die gezupften Kräuter zugeben. Dann zirka 6 bis 8 Minuten bei 160 °C im Backofen gar ziehen lassen.

Für die Soße Eigelb mit 150 ml Olivenöl zur Mayonnaise aufschlagen. Dann die Knoblauchzehen auspressen und mit Basilikum und Petersilie zur Mayonnaise geben. Mit Salz und Pfeffer abschmecken. Je nach Festigkeit das Ganze mit Milch strecken – auf Teller anrichten, als Dekoration bietet es sich an, eine Tomatenrose anzulegen.

Margit Dippmann

Raffiniert — Garnelen | Fisch & Meeresfrüchte

Garnelen in Tempurateig und Parmaschinken mit farbenprächtigen Soßen

Zutaten

Parmaschinken mit Passionsfruchtsoße
4 geschälte Garnelen mit Schwanzende
4 Scheiben Schinken, 2 cl Olivenöl
4 Rosmarinzweige, 4 Physalis
50 g Passionfruchtpüree, 50 g Sahne
20 ml Weißwein

Tempurateig und Limonenbuttersoße
4 geschälte Garnelen, 2 Eigelb, 40 g Mehl
100-120 ml Mineralwasser, 20 g Stärke
Salz, 4 Stangen Zitronengras, Frittierfett
2-3 Limonenblätter, 1 Limone
100 g Butter, Salz, Pfeffer, 1 Blattgold

Zubereitung

Garnele mit Schinken umwickeln, in Öl anbraten, 6-8 Minuten bei 160 °C garen. Das Ende eines Rosmarinzweigs entgrünen, die Physalis aufspießen und auf Garnele stecken. Für die Soße restliche Zutaten aufkochen und abschmecken.
Für den Tempurateig Mehl, Stärke, Eigelb, kaltes Mineralwasser schaumig verrühren; Garnelen auf eine Stange Zitronengras spießen, durch Teig ziehen und im Topf ausbacken. Für die Soße Butter schmelzen, geriebene Zitronenschale dazugeben. Limone in Scheiben schneiden, mit Salz und Pfeffer würzen. Das Blattgold vor dem Servieren zugeben.

Margit Dippmann

Fisch & Meeresfrüchte I Garnelen

Einfach

Garnelen im Speckmantel

Zutaten

8 große Garnelen
1 Limette
1 Knoblauchzehe
4 Zweige Thymian
8 Scheiben mageren Bauchspeck
Salz
Pfeffer
Olivenöl
Blattsalat zum Garnieren

Zubereitung

Die Garnelen schälen und vom Darm befreien. Dazu den Kopf mit einer schnellen Drehung abtrennen, dann die Schale von der Innenseite her aufbrechen. Um den Darm zu entfernen, den oberen Rückengrad der Länge nach einschneiden und den schwarzen Darm einfach herausziehen. (Lässt man den Darm drin, läuft man Gefahr, dass die Meerestiere leicht bitter und gummiartig schmecken.)
Mit abgezupftem Thymian, dem Saft einer Limette, Salz, frisch gemahlenem Pfeffer und zerdrücktem Knoblauch marinieren. Einige Zeit ziehen lassen, damit die Kräuter ihr volles Aroma entfalten können. Anschließend jede Garnele in eine Speckscheibe einwickeln und in Olivenöl knusprig braten. Je nach Saison mit verschiedenen Blattsalaten anrichten.

Olaf Kranz

Raffiniert Garnelen I Fisch & Meeresfrüchte

Feines Garnelenbonbon

Zutaten

4 große Garnelen
100 g helles Fischfilet, 2 Eier (getrennt)
4 Zweige frischer Koriander
2 Limetten, 1 Knoblauchzehe
1 kleine frische rote Chilischote
4 große Blätter Frühlingsrollenteig, Öl
100 g Kumquats, 10 g frischer Ingwer
10 g Schalottenwürfel
25 g geröstete Cashewkerne
100 ml Orangensaft
100 ml Weißwein, Minze, Honig,
Sesamöl, Speisestärke, Minzblätter

Zubereitung

Für die Bonbons Garnelen schälen. Zerkleinerten Fisch, Garnelen, Knoblauchzehe, halbe Chilischote (ohne Kerne), Limettensaft, Koriander und Eiweiß vermischen und pürieren. Die Frühlingsrollenblätter jeweils in Quadrate schneiden, die Farce mittig platzieren. Mit Eigelb bestreichen, zu Bonbons rollen und in Öl fritieren. Für das Chutney Kumquats in Scheiben schneiden. Schalotten, Ingwer, halbe Chili (in Streifen) anschwitzen, Kumquats und Honig zugeben, leicht karamellisieren. Mit Orangensaft und Weißwein ablöschen, leicht köcheln lassen. Das Chutney mit Speisestärke dickflüssig abbinden, gehackte Cashewkerne zugeben und mit Minzeblättern verfeinern.

Olaf Kranz

Gemüse

Gemüse | Feldsalat

Einfach

Feldsalat mit Speck-Kartoffel-Dressing

Zutaten

Feldsalat
200 g geschälte Kartoffeln
50 g Speck
1 Schalotte
200 ml Geflügelbrühe
1 EL Senf
frischer Majoran
50 ml Weißweinessig
100 ml Sonnenblumenöl
30 ml Walnussöl
2 Butterflocken
Salz, Pfeffer, Muskatnuss

Zubereitung

Geschälte Kartoffeln, Speck und Schalotte in Würfel schneiden. Die Butterflocken in einem Topf zergehen lassen, gewürfelte Kartoffeln, Schalotte und Speck mit dem Majoran zugeben und andünsten lassen, dann mit der Geflügelbrühe ablöschen. Die gar gekochten Kartoffeln in einem Mixer pürieren, Senf und Essig hinzufügen und mit dem Öl hochziehen. Das feine Kartoffel-Dressing mit Salz, Pfeffer, Muskat abschmecken.
Den Feldsalat putzen und waschen. Die feinen Blätter mit dem Speck-Kartoffel-Dressing auf einem Teller anrichten und nach Wunsch noch verzieren.

Vincent Clauss

Raffiniert — Feldsalat I Gemüse

Hirsch mit Salat und Preiselbeerdressing

Zutaten

Feldsalat, 100 g gefrorene Preiselbeeren
100 g Preiselbeermarmelade, 1 EL Senf
50 ml Himbeeressig, 30 ml Walnussöl
100 ml Traubenkernöl, 100 g Zucker, Salz
Pfeffer, 200 g gewürfeltes Putenfleisch,
Grüner Speck, 6 Hirschfilets (kurz anbraten), 2 Eiweiß, 150 g Sahne, Madeira
Portwein, Noilly Prat
10 g geröstete Pinienkerne, 10 g Pistazien
1 Bund gehackte Petersilie
2 gewürfelte Schalotten (in Rotwein eingekocht), 2 Brickteigscheiben, Butterflocken

Zubereitung

Für den Salat Zucker mit Wasser in Topf karamellisieren, Preiselbeeren zugeben. Himbeeressig, Preiselbeermarmelade und Senf mischen, Öl zugeben. Preiselbeeren in das Dressing geben, würzen und mit Feldsalat anrichten.
Für die Hirschterrine Pute salzen und pürieren. Eiweiß, Sahne, Madeira, Portwein, Noilly Prat, Schalotten, Pistazien, Pinienkerne und Petersilie zugeben. Diese Farce zu ¾ in mit Speck ausgelegte Terrine füllen. 4 Hirschfilets in die Terrine legen, mit Farce bedecken und im Ofen im Wasserbad 30 Minuten pochieren.
Für die Zubereitung des Hirschfilets Brickteig auslegen, mit restlicher Farce (¼) bestreichen und die 2 Filets darin einwickeln. Rollen kurz anbraten.

Vincent Clauss

Gemüse I Rucola

Einfach

Rucola-Salat mit Pinienkernen

Zutaten

2 Bund Rucola
3 EL Balsamico-Essig
Olivenöl
frisch gehobelter Parmesan nach Belieben
(am besten Parmigiano Reggiano; die
preiswertere Variante: Grana Padano)
Salz, Pfeffer
Pinienkerne zum Garnieren

Zubereitung

Den Rucola waschen, gut trocken tupfen und die langen Stiele entfernen. Balsamico-Essig, Olivenöl, Salz und Pfeffer gut verrühren. Die Pinienkerne in einer Pfanne leicht anrösten. Den Parmesan hobeln. Den Salat und den gehobelten Parmesan auf einem Teller anrichten und mit der Vinaigrette beträufeln, mit den angerösteten Pinienkernen bestreuen.
Diese Grundvariante des Rucola-Salats lässt sich gut mit weiteren Zutaten variieren, zum Beispiel mit Spargel, Tomaten oder frischen Champignons. Auch Fenchel eignet sich als Variante. Sogar Obst – zum Beispiel Erdbeeren – können einen reizvollen Kontrast bilden.

Uwe Haufe

Raffiniert

Rhabarber-Rucola-Salat

Zutaten

3 Stangen Rhabarber
2 Bund Rucola
1 Chicoree
3 TL grüner Pfeffer
2 EL Balsamico-Essig
4 EL Orangensaft
1 Spritzer Grenadine
1 EL Zucker
Sonnenblumenöl
Salz, Pfeffer

Zubereitung

Rucola putzen, Chicoree längs in Streifen schneiden. Salatblätter waschen und gut trocken tupfen. Den Rhabarber putzen und die Stangen schräg in Rauten schneiden. Zucker in einer Pfanne karamellisieren lassen, mit 2 EL Orangensaft und einem Spritzer Grenadine ablöschen. Rhabarber dazugeben, einmal kurz aufkochen, dann vom Herd nehmen und ziehen lassen, bis das Obst abgekühlt ist. Den Rhabarber herausnehmen und den Fond mit Balsamico, dem restlichen Orangensaft und etwas Öl zu einer Vinaigrette verrühren. Grünen Pfeffer dazugeben, mit Salz und Pfeffer abschmecken. Etwas Rhabarber auf einem Teller anrichten, Rucola und Chicoree mischen und darauf legen, mit der Vinaigrette beträufeln und den restlichen Rhabarberstücken garnieren.

Uwe Haufe

Gemüse | Sauerampfer

Einfach

Sauerampfersüppchen

Zutaten

200 g Sauerampfer
80 g Spinat
60 g Schalotten
50 ml Weißwein
½ Knoblauchzehe
120 ml Kalbsfond (oder Brühe)
50 ml Crème fraîche
80 ml Sahne
80 g Butter
Salz, Pfeffer

Zubereitung

Sauerampfer und Spinat putzen (Stiele entfernen, vor allem Spinat gründlich waschen), Schalotten und Knoblauch schälen und fein hacken.
60 g Butter in einer Pfanne auslassen, Schalotten und Knoblauch darin glasig dünsten. Sauerampfer und Spinat dazugeben, mit Weißwein ablöschen und mit dem Kalbsfond auffüllen. Das Ganze pürieren und durch ein Sieb geben. Anschließend Sahne und Crème fraîche dazugeben, mit Salz und Pfeffer abschmecken. Die restlichen 20 g Butter dazugeben. Die Sauerampfersuppe in Teller füllen und eventuell mit einem kleinen Sahnehäubchen servieren.

Mario Pattis

Raffiniert Sauerampfer I Gemüse

Meeresfrüchte mit Sauerampferpesto

Zutaten

4 Jacobsmuscheln, 4 Scampis
1 Hummer, 220 ml Olivenöl
2 Zweige Thymian, 3 ½ Knoblauchzehe
240 g Sauerampfer, Salz, Pfeffer
8 Borretsch- und andere Blüten
12 Zweige Kerbel, 2 cl Sherryessig
2 cl Sherry, 3 EL Olivenöl,
1 EL Limonenöl, Saft ½ Zitrone, Zucker
80 g geriebener Parmesan
30 g geröstete Pinienkerne

Zubereitung

Für den Salat 120 g Sauerampfer mit dem Kerbel und den anderen Blüten vermischen. Sherryessig, Sherry, 3 EL Olivenöl, Limonenöl, Zitronensaft und Zucker verrühren, die Kräuter damit marinieren.
Für das Pesto restlichen Sauerampfer mit 3 Knoblauchzehen, Parmesan, 160 ml Olivenöl und Pinienkernen im Mixer pürieren, salzen, pfeffern.
Hummer 4 Minuten im kochenden Wasser garen, danach sofort in Eiswasser geben, das Fleisch aus der Schale lösen. Scampis und Muscheln putzen, Fleisch ausbrechen. Meeresfrüchte salzen, pfeffern, mit Thymian und dem restlichen fein gehackten Knoblauch in 60 ml Olivenöl braten, sofort anrichten. Sauerampfersalat darüber verteilen, mit Borretsch garnieren, mit Pesto servieren.

Mario Pattis

Gemüse | Blüten

Einfach

Gebackene Akazienblüten

Zutaten

150 g Mehl
1 Ei, 4 Eigelb, 2 Eiweiß
0,6 l Riesling
20 g Vanillezucker
1 Vanilleschote
16 Akazien- oder Robinienblüten
Öl zum Ausbacken
Puderzucker
30 g Akazienhonig
0,1 l geschlagene Sahne
Akazienhonig
Blüten zum Garnieren

Zubereitung

Mehl, 2 Eigelb, Vanillezucker, 0,1 l Riesling und ausgeschabte Vanilleschote vermischen und einen Teig bereiten. Geschlagenes Eiweiß dazugeben, die Blüten durch den Teig ziehen, goldgelb ausbacken und mit Puderzucker bestreuen. Für das Eis Ei, 2 Eigelb und restlichen Wein im heißen Wasserbad cremig schlagen, Topf in Eiswasser stellen und kalt rühren, Schlagsahne vorsichtig unterheben, den Honig einrühren. Die Masse in eine Form geben und gefrieren lassen. Akazienhonig karamellisieren lassen und alles auf einem Teller anrichten. Mit Blütenblättern (Akazie, Rose, Holunder) verzieren.

Klaus-Dieter Brüning

Raffiniert Blüten | Gemüse

Blütensalat mit Kräuter-Lammfilet

Zutaten

Blüten der Jahreszeit
Blattsalate zur Ergänzung
1 EL Distelöl
1 EL Sherryessig
5 EL leichter Rotwein
2 Lammrückenfilets
2 Knoblauchzehen (gehackt)
4 EL gehackte Kräuter der Provence
2 EL fein gehackte Lauchzwiebel
0,15 l trockener Rotwein
4 Tomaten
200 g geräucherter Mozzarella
Salz, Zucker, Pfeffer

Zubereitung

Rotwein, Kräuter und Gewürze vermischen, eine Hälfte beiseite stellen, mit dem Rest das Lamm einreiben, mit Folie abdecken und etwa 24 Stunden im Kühlschrank marinieren. Tomaten und Mozzarella in Scheiben schneiden und mit dem Rest der Marinade einlegen. Lammfilet in Scheiben schneiden und abwechselnd das Fleisch, Tomaten und Mozzarella auf einem Teller anrichten. Blüten und Blattsalate mischen und in die Mitte setzen. Distelöl, Sherryessig und Rotwein vermischen und die Vinaigrette über den Salat träufeln.

Klaus-Dieter Brüning

Gemüse I Waldmeister

Einfach

Kartoffelspargelrösti mit Waldmeistersoße

Zutaten

2 große mehlige Kartoffeln
4 Stangen Spargel
je eine Prise Salz und Pfeffer
0,1 l Gemüsebrühe
0,2 l Sahne
1 EL Blütenhonig
1 Bund Waldmeister
10 g Butter
weißer Pfeffer aus der Mühle
4 Scheiben Räucherlachs zum Garnieren

Zubereitung

Die Kartoffeln grob reiben und den rohen Spargel in feine Rauten schneiden. Mit Salz und Pfeffer vermengen, die Rösti-Masse in vier Portionen teilen und in einer beschichteten Pfanne mit wenig Öl beidseitig backen. Für die Soße Brühe und Sahne aufkochen, den Honig dazugeben und mit einem Stabmixer die frischen Waldmeisterblättchen (natürlich ohne Stiele) unterrühren. Durch ein feines Sieb passieren, zum Schluss die Soße mit der Butter aufschäumen und dem weißen Pfeffer abschmecken. Mit einer Scheibe Räucherlachsschinken auf einem Teller anrichten.

Dirk Wende

Raffiniert Waldmeister I Gemüse

Waldmeisterflan mit Papaya und Rotwein-Soße

Zutaten

2 Eigelb, 0,2 l Schlagsahne
1 Bund Waldmeister
1 Prise Zucker, 10 g Butter
1 kleine, reife Papaya
0,25 l Rotwein
4 cl älterer Balsamico-Essig
1 TL Honig, weißer Pfeffer

Wer in der Feinkostabteilung keinen Waldmeister bekommt, geht am besten selber pflücken. Das hellgrüne Kraut wächst in Buchenwäldern.

Zubereitung

Eigelb, Sahne, Waldmeisterblättchen, Zucker und Butter mit dem Stabmixer gut vermischen. Dann eine gut gebutterte Form (Timbal) zu ¾ mit der Masse füllen. Bei etwa 140 Grad im vorgeheizten Ofen 40 Minuten im Wasserbad pochieren. Die Papaya schälen, die Kerne entfernen und das Fruchtfleisch längs in schmale Scheiben schneiden.
Für die Soße Rotwein und Balsamico vermischen, einreduzieren, bis die Soße eine sirupartige Konsistenz hat. Mit Honig und Pfeffer abschmecken. Den Flan vorsichtig in die Mitte des Tellers stürzen, Papaya sternförmig darum herum anordnen und mit der Soße beträufeln.

Dirk Wende

Gemüse I Rotkraut

Einfach

Rotkraut mit Rinderfilet

Zutaten

1 Kopf Rotkraut
Nelken, Zimt, Lorbeer
1 Spritzer Weinbrand-Essig
Rotwein (Rotkraut komplett bedecken)
Wacholder
100 g Räucherspeck zum Braten
100 ml Honig, 400 g Rinderfilet
Salz, Pfeffer, Öl zum Braten
150 g Maronen, 50 g Butter
50 g Zucker

Zubereitung

Rotkraut mit der Brotschneidemaschine in feine Streifen schneiden, mit dem Rotwein und allen Gewürzen 1 Tag marinieren. Wein abgießen und aufbewahren, Gewürze entfernen. Rotkraut mit dem Räucherspeck anschwitzen, Honig dazugeben, mit dem aufbewahrten Rotwein ablöschen und ohne Deckel etwa 1,5 Stunden köcheln lassen.
Rinderfilet in 12 Scheiben schneiden, würzen und kurz anbraten. Butter und Zucker erhitzen, Maronen darin glasieren, 50 g Maronen mit 200 g Rotkraut vermischen, auf 8 Fleischscheiben jeweils gleichmäßig verteilen, übereinander schichten. Mit dem restlichen Rotkraut und den Maronen servieren.

Frank Ollhoff

Raffiniert — Rotkraut I Gemüse

Rotkrautsorbet mit Gänsebrust

Zutaten

500 g Rotkraut
Sirup aus 100 ml Wasser und 100 g Zucker
50 g Honig
1 Eiweiß
½ geräucherte Gänsebrust (feine Scheiben)
50 g gekochte Nudeln
Öl zum Frittieren
Olivenöl, Balsamico-Essig

Zubereitung

Klein geschnittenes Rotkraut mit Sirup und Honig pürieren und in die Eismaschine geben (alternativ: in eine Schüssel geben, ins Gefrierfach stellen, leicht anfrieren lassen und umrühren. Vier Stunden im Gefrierfach lassen, die Masse dabei alle 15 Minuten kräftig umrühren). Nach 30 Minuten (oder wenn die Masse leicht gefroren ist) ein Eiweiß dazugeben.

Wenn das Sorbet fertig ist, die gekochten Nudeln in Öl goldgelb ausbacken. Gänsebrustscheiben im Kreis auf dem Teller anrichten, Sorbetkugel in die Mitte setzen und mit den frittierten Nudeln dekorieren. Nach Belieben Olivenöl und Balsamico über die Gänsebrust träufeln.

Frank Ollhoff

Gemüse | Wirsing

Wirsing-Schmortopf

Zutaten

800 g Kasslernacken
1 Kopf Wirsing
600 g Kartoffeln
150 g Karotten
2 Zwiebeln
Fleischbrühe zum Ablöschen
Lorbeer
Piment
weißer Pfeffer
Kümmel nach Belieben

Zubereitung

Das Kassler am Stück anbraten, mit der Brühe ablöschen und im Ofen bei 180 Grad etwa 45 bis 60 Minuten schmoren, dabei regelmäßig mit der Brühe begießen. Kassler aus dem Fond nehmen, in Würfel schneiden. Den Fond mit Wasser auffüllen und aufkochen. Kartoffeln schälen und würfeln, Karotten putzen und ebenfalls würfeln. Fleisch, Gemüse und die beiden gehackten Zwiebeln in den Fond geben, würzen und etwa 10 Minuten auf dem Herd kochen lassen.

Raffiniert Wirsing I Gemüse

Wirsing-Roulade

Zutaten

1 Kopf Wirsing
400 g Mozzarella
250 g Tomaten
100 g Krebsschwanzfleisch
1 g Safranfäden
250 ml Sahne
100 ml Fischfond
50 ml Weißwein
Salz, Pfeffer und Knoblauch nach Geschmack

Zubereitung

Wirsingblätter abzupfen und den Strunk herausschneiden. Blätter in Salzwasser blanchieren. Jeweils 2 Blätter zusammenlegen, in die Mitte eine Scheibe Mozzarella setzen. Die Tomaten heiß überbrühen, häuten und entkernen, in Filets schneiden. Jeweils ein Tomatenfilet links und rechts neben den Käse setzen. Die Wirsingblätter zusammenrollen und mit einem Zahnstocher feststecken. In einem Sieb über kochendem Wasser 5 Minuten dämpfen. Den Fischfond aufkochen, Weißwein, Sahne und Safran dazugeben und etwa 5 Minuten einkochen. Die abgetropften Krebsschwänze dazugeben. Die Rouladen aus dem Sieb nehmen, in Scheiben schneiden und mit der Soße servieren.

Dirk Wende

Gemüse | Karotten

Einfach

Süß-saftige Karottentorte

Zutaten

10 Eigelb
8 Eiweiß
380 g Puderzucker
400 g sehr fein gemahlene Haselnüsse
100 g Kartoffelstärke
400 g rohe Karotten
2 Zitronen (Saft + Zeste)
1 Prise Salz

Zubereitung

Die 400 g Karotten mit klarem Wasser waschen, schälen und dann mit einem Reibeisen raspeln. Die Hälfte des Zuckers, Eigelb, Saft und Zeste der Zitronen in eine Schale geben und verrühren. Dann geriebene Karotten und Salz in die Schale zugeben und gut vermischen. Eiweiß zu festem Schnee schlagen, den restlichen Zucker mit der Kartoffelstärke und den Haselnüssen vermischen und dann zu dem aufgeschlagenen Eischnee geben. Danach beide Massen sorgfältig vermischen und in eine gebutterte Backform füllen. Diese Form in ein Wasserbad stellen und bei 180 Grad in einem vorgeheizten Ofen etwa eine Stunde backen. Die Karottentorte nach dem Backen auskühlen lassen und auf dem Kaffeeservice servieren.

Jean-Luc Renaud

Raffiniert — **Karotten | Gemüse**

Crème mit Rote Bete Ragout und Karottensorbet

Zutaten

125 g Quark, 60 g Naturjoghurt
½ Zitrone (Zeste)
50 g Puderzucker
2 Blatt Gelatine
70 g Schlagsahne
250 g Rote Bete
200 ml Wasser
180 g Zucker, 1 Vanilleschote
Schale von 1 Orange und 1 Zitrone
Soßenbinder, 250 ml Karottensaft
Saft von 1 Zitrone und 1 Orange
einige Tropfen Tabasco

Zubereitung

Für die Crème Quark, Joghurt, Puderzucker und halbe Zitronenzeste vermischen.
Die Gelatine in kaltem Wasser einweichen und flüssig in die Masse einrühren. Die Sahne schlagen und vorsichtig unterheben.
Für das Ragout Wasser, 100 g Zucker, Vanilleschote und Zitronenschale in einen Topf geben und kochen. Die Rote Bete in Würfel schneiden und in dem Sirup kochen lassen, bis sie gar ist. Die Gemüsewürfel abtropfen und abkühlen lassen. Den Sirup mit Soßenbinder leicht andicken.
Für das Karottensorbet alle restlichen Zutaten verrühren und in der Eismaschine gefrieren lassen. Wer keine hat: alles in ein hohes Gefäß geben und beim Gefrieren immer wieder umrühren.

Jean-Luc Renaud

Schwarzwurzel-Gratin mit Schinken und getrockneten Tomaten

Zutaten

600 g Schwarzwurzel
2 kleine Zwiebeln
2 Eier
50 g getrocknete Tomaten
100 g gekochter oder geräucherter Schinken
150 g Schmand
150 g würziger Käse
Butter
frische Kräuter nach Geschmack
Salz, Pfeffer, Muskatnuss
Essig wahlweise Zitronenwasser

Zubereitung

Schwarzwurzeln waschen, schälen und sofort in Essig oder Zitronenwasser legen, damit sie nicht braun werden. Zwiebeln schälen und würfeln, die getrockneten Tomaten und den Schinken in Streifen schneiden und in der zerlassenen Butter anschwitzen. Schwarzwurzeln in grobe Stücke schneiden, dazugeben. Die Mischung mit Salz, Pfeffer und Muskat würzen, in eine Auflaufform geben. Eier, klein gehackte Kräuter und Schmand vermischen und über das Gemüse geben. Mit dem geriebenen Käse bestreuen, im vorgeheizten Ofen bei 170 Grad 30 bis 40 Minuten backen.

Asiatischer Schwarzwurzel-Salat mit gegrilltem Thunfisch

Zutaten

400 g Schwarzwurzel
4 Stück frischer Thunfisch à 150 g
2 EL milde Sojasoße
1 EL Reiswein (Sake)
2 EL Sesamsaat
1 EL geröstetes Sesamöl
100 ml Geflügelbrühe
1 kleines Stück Ingwer
1 Limette, 1 Chilischote
Salz, Pfeffer
frischer Koriander, Knoblauch
Curry, Honig, Essig

Zubereitung

Schwarzwurzeln waschen, schälen, in dünne Scheiben schneiden und sofort in Essig oder Zitronenwasser legen, damit sie nicht braun werden. Chilischote längs halbieren, die Kerne entfernen und die Schote in dünne Streifen schneiden. Ingwer schälen und reiben, Knoblauch hacken. Gemüse und Gewürze in Sesamöl anschwitzen, mit Curry anstäuben, mit Honig karamellisieren und mit der Geflügelbrühe aufgießen. Dann Sojasoße, Reiswein, Saft und Abrieb der Limette zugeben und köcheln lassen, bis die Flüssigkeit ganz eingekocht ist. Thunfisch salzen und pfeffern, in der heißen Pfanne von beiden Seiten kurz anbraten (nicht durchbraten) und zur Seite stellen. Grob gehackten Koriander und Sesamsaat zu den Schwarzwurzeln geben, den Salat mit dem Thunfisch anrichten.

Gemüse | Pastinake

Pastinaken-Rahmsuppe

Zutaten

300 g Pastinaken
2 Schalotten
1 EL Butter
70 ml Weißwein
250 ml Geflügelfond
70 ml Noilly Prat (trockener Wermut)
50 g Sahne
Salz, Pfeffer
Sherry zum Abschmecken
1 EL kalte Butter
Kerbel zum Garnieren
50 g gewürfelter Speck

Zubereitung

Pastinaken schälen und grob würfeln. Schalotten fein würfeln und in Butter glasig dünsten. Die Pastinaken dazugeben, kurz mitdünsten, mit Weißwein und Wermut ablöschen und den Geflügelfond aufgießen. Das Ganze bis auf ein Drittel einkochen lassen, Sahne hinzufügen. Erneut aufkochen, mit Salz und Pfeffer würzen, durch ein Sieb passieren. Kurz vor dem Servieren mit Sherry abschmecken. Butterflocken in die heiße Suppe geben, mit dem Mixstab aufschäumen, auf Teller verteilen. Speck in der Pfanne kross braten, auf Küchenkrepp abtropfen lassen, in die Suppe geben. Die Suppe mit Kerbelblättern garnieren.

Raffiniert — Pastinake I Gemüse

Entenleberravioli mit Pastinakenpüree

Zutaten

40 ml Weißwein, 1 Msp. Safran
150 g Mehl, 3 Eigelb, 1 EL Trüffelöl
12 Scheiben Entenleber à 50 g
je 20 ml Portwein und Madeira
12 Kerbelblätter
400 g Pastinaken
je 100 ml Milch und Sahne
25 g Butter, 1 EL geschlagene Sahne
Salz, Pfeffer, Muskatnuss

Zubereitung

Für die Ravioli Wein und Safran auf 20 ml einkochen, mit Mehl, 2 Eigelb, Trüffelöl, Salz, 1 Prise Muskat zu einem glatten Teig kneten. In Folie einschlagen, 6 Stunden im Kühlschrank ruhen lassen. Entenleber würzen, mit Portwein und Madeira übergießen, abdecken, 2 Stunden im Kühlschrank marinieren. Teig dünn ausrollen, mit Eigelb bestreichen, Entenleber mit Kerbel darauf legen, mit zweiter Teigschicht bedecken, andrücken und Ravioli ausstechen.

Für das Püree Pastinaken würfeln, in Milch und Sahne weichkochen, fein pürieren, durch ein Haarsieb streichen. Butter unterrühren, mit Salz, Pfeffer und Muskatnuss abschmecken, Schlagsahne unterheben. Ravioli 2 Minuten in Salzwasser köcheln, 2 Minuten ziehen lassen, abtropfen, mit Püree anrichten.

Stefan Hermann

Gemüse | Kartoffel **Einfach**

Pikantes Kartoffel-Gemüseküchlein

Zutaten

600 g Süßkartoffeln (Pataten)
100 g Möhren
100 g Staudensellerie
100 g Kohlrabi
100 g Porree
3 Zweige Zitronenthymian
1 Zweig Rosmarin
3 Eier
120 g geriebener Parmesan
60 g Butterschmalz
Salz, Pfeffer, Muskatnuss

Zubereitung

Süßkartoffeln schälen und grob raspeln oder in sehr feine Streifen schneiden. Möhren, Staudensellerie, Kohlrabi und Porree putzen und ebenfalls grob raspeln. Kartoffeln und Gemüse in eine Schüssel geben. Kräuter fein hacken und zu der Mischung geben. Ei und geriebenen Parmesan verrühren und ebenfalls dazu geben, mit Salz, Pfeffer und etwas Muskat abschmecken. Die Gemüsemasse in eine kleine gefettete Form geben (zum Beispiel eine Muffinform) und bei 180 Grad etwa 20 Minuten backen.

Karl-Heinz Ehle

Raffiniert Kartoffel | Gemüse

Süßes Kartoffel-Beerenküchlein

Zutaten

800 g Süßkartoffeln (Pataten)
20 g Ingwer
20 g Kurkuma
10 g abgeriebene Zitronenschale
250 g Weizenmehl
20 g Hefe
150 g Zucker
100 ml Milch
300 g Erdbeeren
200 g Brombeeren
60 g Butterschmalz

Zubereitung

Hefeansatz mit (lauwarmer) Milch und Zucker bereiten. Süßkartoffeln schälen und grob raspeln oder in sehr feine Streifen schneiden. Ingwer schälen und fein reiben. Gewürze, Mehl, die Hälfte des Beerenobstes und die Süßkartoffelstreifen vermischen. Die aufgegangene Hefe unterrühren. Die Masse in eine gefettete kleine Form (zum Beispiel eine Muffinform) geben und mit den restlichen Beeren belegen. Dann fünf Minuten bei 180 Grad, anschließend 20 Minuten bei 165 Grad backen.

Karl-Heinz Ehle

Gemüse I Ingwer

Einfach

Steak mit Ingwerbutter

Zutaten

4 Hirschsteaks à 150 g
100 g Semmelmehl
1 Prise Lebkuchengewürz
Salz, weißer Pfeffer, Ingwerpulver
2 Eier, Mehl
1 kleine Ingwerwurzel (geschält,
in feine Scheiben geschnitten)
1 Zweig Rosmarin
Butter zum Braten
1 Bund Möhren, Muskatnuss
1 EL Honig, 1 Prise Salz

Zubereitung

Steaks plattieren, Semmelmehl, Ingwerpulver und Lebkuchengewürz mischen, Rosmarin fein hacken und zur Panade dazugeben. Steaks würzen, mit Mehl, Ei und Panade wie ein Schnitzel panieren. Butter in einer Pfanne erhitzen, Ingwerscheiben dazugeben (einige zur Seite legen) und das Fleisch goldgelb backen. Fleisch herausnehmen und warmstellen. Möhren putzen, halbieren und blanchieren. Mit Muskat, restlichen Ingwer, Honig und Salz in das Bratfett geben, kurz schmoren. Fleisch mit den Möhren anrichten.

Raffiniert

Süß-pikantes Parfait von Ingwerhonig

Zutaten

10 g frische Ingwerwurzel
10 g frische Kurkumawurzel
10 g frische Galgantwurzel
0,1 l Weißwein
2 EL Ingwerhonig oder mit Ingwerschalen parfümierter Honig
Zucker, Vanillezucker
gemahlener Koriander
Kreuzkümmel
½ Vanillestange
2 Eier
2 Eigelb
0,1 l geschlagene Sahne

Zubereitung

Ingwer-, Kurkuma- und Galgantwurzel schälen und fein hacken. Weißwein, Zucker, Vanillezucker und -mark, Ingwerhonig, Koriander, Kreuzkümmel und die Schalen der Wurzeln in einen Topf geben, aufkochen und 10 Minuten köcheln, durch ein feines Sieb seien. Die gehackten Wurzeln zu dem Sud geben und kochen, bis sie weich sind. Abkühlen lassen. Ei und Eigelb mit dem Sud im warmen Wasserbad cremig aufschlagen, geschlagene Sahne unterheben und in vorgekühlten Förmchen mindestens 2 Stunden gefrieren lassen.

Karl-Dieter Brüning

Gemüse | Knoblauch

Einfach

Knoblauchrahmsuppe

Zutaten

½ l Sahne
½ l Geflügelbrühe
4 Knoblauchzehen
1 mittelgroße Zwiebel
100 g Butter
10 cl Riesling (Elsässer)
Salz, Pfeffer

Zubereitung

Knoblauch und Zwiebel schälen und fein hacken, in der Butter anschwitzen und mit dem Weißwein und der Brühe ablöschen. Köcheln lassen, bis die Flüssigkeit um die Hälfte reduziert ist. Sahne dazu geben, kurz aufkochen und dann pürieren. Am Schluss die Suppe durch ein Haarsieb passieren und würzen.

Raffiniert — Knoblauch | Gemüse

Kaninchenrücken mit karamellisiertem Knoblauch

Zutaten

4 Kaninchenrücken
2 Knoblauchknollen
½ l Milch, 4 EL Zucker
2 EL Wasser, 10 g Butter
1 Kopf Frisée-Salat
1 Kopf Radiccio
10 cl Himbeeressig
10 cl Olivenöl
10 cl Walnussöl
1 EL Senf
Salz, Pfeffer, Zucker
Kapuzinerkresse-Blüten
Himbeeren zum Garnieren

Zubereitung

Kaninchenrücken kurz von allen Seiten anbraten (etwa 4 Minuten), aus der Pfanne nehmen und in Alufolie gewickelt ruhen lassen. Den Knoblauch schälen und in der Milch blanchieren. Zucker und Wasser in einen separaten Topf geben und erhitzen, bis der Zucker hellbraun karamellisiert. Die Knoblauchzehen dazugeben und kochen, bis die Flüssigkeit weg ist. Am Schluss die Butter dazugeben. Den Salat waschen und putzen. Die restlichen Zutaten für das Dressing gut verrühren, den Salat damit beträufeln. Die Kaninchenrücken in Scheiben schneiden und mit dem Salat und den Knoblauchzehen anrichten. Falls vorhanden, mit Blüten und Himbeeren garnieren.

Vincent Clauss

Gemüse I Bärlauch

Einfach

Brot mit Bärlauchbutter

Zutaten

100 g Bärlauch (gewaschen ohne Stiel)
250 g Butter (schaumig geschlagen)
Salz, Cayennepfeffer zum Würzen
Radieschen zum Garnieren
100 g Schrot
6 g Salz
8 g Hefe
120 g Wasser
2 g Triebmittel
8 g Butter
120 g Roggenmehl
1 EL Brotgewürz

Zubereitung

Bärlauch und 250 g Butter im Mixer zu einer homogenen Masse mischen, mit Salz und Pfeffer würzen, kalt stellen.
Für das Brot Wasser aufkochen, Schrot, 8 g Butter und 6 g Salz zugeben und eine Stunde quellen lassen. Hefe zugeben, Mehl, Gewürze, Triebmittel zu einem Teig kneten und zu einem Brot formen. 60 Minuten bei 190°C backen. Brot aus dem Ofen nehmen, abkühlen lassen. In Scheiben schneiden, mit der Bärlauchbutter großzügig bestreichen. Radieschen waschen, in feine Scheiben schneiden und das Brot damit garnieren.

Stefan Hermann

Raffiniert Bärlauch I Gemüse

Bärlauchrisotto

Zutaten

150 g Risottoreis
250 g Spargel
20 g Schalotten
40 ml Olivenöl
1 Knoblauchzehe
100 ml trockener Weißwein
250 ml Geflügelfond
20 g Parmesan
80 g Bärlauchbutter

Zubereitung

Den Knoblauch und die Schalotten schälen, in feine Würfel schneiden und in Olivenöl andünsten, bis sie glasig sind. Den Risottoreis nach und nach hinzufügen, leicht salzen und gut andünsten. Mit Weißwein ablöschen und mit Geflügelfond aufgießen. Anschließend das Risotto zugedeckt im Ofen bei 180°C etwa 20-25 Minuten garen, dabei immer wieder umrühren. Inzwischen den Spargel schälen, einige Minuten in kochendem Wasser blanchieren und abschrecken. Dann in feine Würfel schneiden und zu dem Risotto geben. Nun das Ganze mit geriebenem Parmesan und kalter Butter binden. Wer möchte, kann das Gericht am Schluss noch mit Champagner abschmecken.

Stefan Hermann

Gemüse | Linsen

Einfach

Linsensuppe

Zutaten

1 Zwiebel
1 Karotte
40 g Butter
150 g rote Linsen
200 ml Gemüsebrühe
150 ml Küchensahne (30 %)
1 EL Honig (oder Zucker)
100 g geräucherter Speck
Salz, Pfeffer

Zubereitung

Die Zwiebel schälen und in feine Würfel schneiden, Karotte putzen und ebenfalls in kleine Stücke schneiden. Butter in einem Topf erhitzen, Zwiebel, Karotte und die ungekochten Linsen dazugeben, glasig dünsten. Die Brühe dazugeben, alles einmal aufkochen lassen, vom Herd nehmen und 10 Minuten ziehen lassen. Die Sahne dazugeben, nochmals aufkochen, anschließend die Suppe mit dem Pürierstab pürieren und durch ein feines Sieb streichen. Den Speck in kleine Würfel schneiden, im eigenen Fett anbraten und zu der Suppe geben. Alles mit Salz, Pfeffer und Honig abschmecken. (Statt Honig kann man auch etwas Zucker karamellisieren und dazugeben).

Raffiniert

Roter Linsensalat mit Hähnchenbrust

Zutaten

1 Bund Frühlingslauch (nur das Grün)
1 Karotte
1 Zucchini
300 g Linsen
4 Hähnchenbrustfilets (geräuchert)
Olivenöl
Balsamico-Essig
Salz, Zucker, Pfeffer

Zubereitung

Den Frühlingslauch, die Karotte und die Zucchini putzen und in feinste Würfel schneiden (etwa so groß wie die Linsen). Das Gemüse in Olivenöl anschwitzen, beiseite stellen. Die Linsen 15 Minuten in warmem Wasser einweichen, so dass sie noch bissfest sind. Das Wasser abgießen und die Linsen mit dem fein gehackten Gemüse vermischen. Mit Salz, Pfeffer, Zucker und einigen Spritzern Balsamico abschmecken. Die geräucherte Hähnchenbrust vier Minuten anbraten, danach einige Minuten im warmen Ofen ruhen lassen. In Scheiben schneiden und mit dem Linsensalat anrichten. Wer einen eigenen Räucherofen (im Anglerbedarf erhältlich) hat: Räuchersalz anglühen, die rohe Hähnchenbrust fünf Minuten räuchern, dann wie oben braten.

Dirk Wende

Auberginen-Schafskäse-Röllchen

Zutaten

1 Aubergine
100 g Schafskäse
1 Hand voll Rucola
1 Zweig frischer Rosmarin
1 Knoblauchzehe
Olivenöl
Salz, weißer Pfeffer aus der Mühle

Zubereitung

Die Aubergine mit einem sehr scharfen Messer (oder einer Aufschnittmaschine) längs in möglichst feine Scheiben schneiden. Etwas Olivenöl in eine heiße Pfanne geben und darin den grob gehackten Knoblauch und den Rosmarinzweig anschwitzen. Die Auberginenscheiben in dem aromatisierten Öl von beiden Seiten goldbraun braten, mit Salz und Pfeffer würzen und anschließend auf Küchenkrepp abtropfen lassen. Den Schafskäse in rechteckige Würfel schneiden. Jeweils mit einigen Rucolablättchen und den abgekühlten Auberginenscheiben umwickeln.

Raffiniert

Auberginen-Parmesanfeuillete

Zutaten

1 große Aubergine
2 Schalotten
2 reife Tomaten
50 g Parmesan
ein paar Pinienkerne
Olivenöl
1 Knoblauchzehe
frischen Rosmarin
frischen Thymian
Salz, Pfeffer

Zubereitung

Den Parmesan fein reiben und rechteckig auf einem mit Backpapier ausgelegten Backblech verteilen. Im vorgeheizten Ofen bei 200 Grad etwa 8 Minuten goldgelb schmelzen, abkühlen lassen und in 12 gleichmäßige Stücke schneiden. Die Tomaten häuten, längs vierteln, das Kerngehäuse entfernen und aus den Filets feine Würfel schneiden. Die Aubergine und Schalotten ebenfalls fein würfeln. Pinienkerne in Pfanne ohne Öl hellbraun rösten, Knoblauch grob hacken. Olivenöl in Pfanne geben, Rosmarin, Thymian und Knoblauch darin anschwitzen. Schalotten und Aubergine dazugeben, kurz weich köcheln, in eine Schüssel geben und auskühlen lassen. Tomatenwürfel und Pinienkerne dazugeben, abschmecken. Das Gemüse abwechselnd mit den Parmesanscheiben schichten.

Olaf Kranz

Gemüse I Zucchini

Einfach

Überbackene Zucchini

Zutaten

400 g Zucchini (oder 2 Stück)
4 mittelgroße Tomaten
1 Bund Basilikum
250 g Mozzarella
1 Schälchen Feldsalat
100 g Crème fraîche
Salz, Pfeffer
Olivenöl, Balsamico-Essig
Gartenkräuter zum Würzen

Zubereitung

Zucchini und Tomaten in Scheiben schneiden. Zucchini in Olivenöl anbraten, mit Salz und Pfeffer würzen. Mozzarella in Scheiben schneiden. Zucchinischeiben auf ein Backblech setzen, dann auf jede Zucchinischeibe eine Tomatenscheibe, ein Blatt Basilikum und eine Scheibe Mozzarella legen. Bei 180 Grad im Ofen backen, bis der Käse leicht zerläuft. In der Zwischenzeit den Feldsalat gründlich putzen und mit etwas Balsamico und Olivenöl beträufeln. Gartenkräuter fein hacken und mit der Crème fraîche vermischen. Zum Anrichten in die Mitte des Tellers etwas Feldsalat geben, dann rundherum immer abwechselnd eine Zucchinischeibe und einen Klecks Kräuter-Crème fraîche setzen. Mit etwas Dill garnieren.

Jan Wenzel

Raffiniert Zucchini | Gemüse

Lammfilet mit grünen und gelben Zucchini

Zutaten

400 g Lammfilet (4 Stück)
1 gelbe Zucchini, 2 grüne Zucchini
320 g roter Reis, 40 g Butter
1 Orange, 1 Limette
10 g getrocknete Blüten (Feinkostladen),
40 g Sahne, 1 Zweig frischer Thymian
1 Lorbeerblatt, Piment, 1 Nelke
Salz, Pfeffer
Knoblauch, Olivenöl zum Braten

Zubereitung

Die gelbe und eine grüne Zucchini in Scheiben schneiden, in Olivenöl anbraten, mit Salz, Pfeffer, Thymian würzen. Die zweite grüne Zucchini längs in dünne Streifen schneiden, eine Minute in kochendem Salzwasser blanchieren. Den Reis in Salzwasser mit der Nelke 10 Minuten kochen. Die Lammfilets von jeder Seite eine Minute in Olivenöl anbraten, eine Minute ruhen lassen.

Für die Soße Butter schmelzen, Orange und Limette filetieren und dazugeben, kurz anschwenken, Sahne dazugeben, kurz einreduzieren, Blütenblätter dazugeben. Zum Anrichten gebratene Zucchini in die Mitte des Tellers legen, die Zucchinistreifen zu einer Schleife legen und mit Reis füllen. Soße darüber geben. Lammfilets aufschneiden und dazugeben.

Jan Wenzel

Gemüse | Kürbis

Kürbissuppe mit Rauchlachs und Dillsahne

Zutaten

80 g Butter
500 g Gartenkürbis
50 g Zwiebeln
300 ml Hühnerbrühe
50 ml Sahne
Salz, Pfeffer
120 g Räucherlachs (geschnitten)
4 EL geschlagene Sahne
30 g gehackter Dill
20 g Kürbiskerne

Zubereitung

Zwiebeln und Kürbis schälen und würfeln. Die Zwiebel- und Kürbiswürfel in der Butter glasig anschwitzen und mit Salz und Pfeffer würzen. Die Hühnerbrühe zugeben und auf kleiner Flamme köcheln lassen, bis der Kürbis weich ist. Die Sahne dazugeben, die Suppe mit einem Mixstab pürieren, eventuell noch etwas Brühe zugeben. Den Räucherlachs vom Fettrand befreien und mit den kurz gerösteten Kürbiskernen zu der Suppe geben. Den Dill mit der geschlagenen Sahne vermengen und kurz vor dem Servieren auf die Suppe geben.

Raffiniert

Kürbiskraut mit gebratenem Zanderfilet

Zutaten

600 g Zanderfilet mit Haut
40 g Butter
30 ml Olivenöl
800 g Muskatkürbis
50 g Schalottenwürfel
10 g Tomatenmark
Paprikapulver edelsüß
150 ml Sahne
200 g abgezogene Tomatenwürfel
junge Spinatblätter zum Garnieren
Salz, Pfeffer

Zubereitung

Den Kürbis schälen und auf der mittleren Größe einer Küchenreibe raspeln. Die Schalotten mit dem Kürbis in der Butter anschwitzen, Tomatenmark und Paprikapulver zugeben und kurz mit ziehen lassen. Die Sahne dazugeben und köcheln lassen, bis der Kürbis weich ist, aber nicht zerfällt (ca. 5 Minuten). Vor dem Servieren die Tomatenwürfel unter das Kraut heben. Den Zander trocken tupfen, mit Salz würzen und in Olivenöl kross auf der Haut braten, das Fischfilet vorsichtig umdrehen und nur kurz auf der Fleischseite braten. Den Fisch auf das Kürbiskraut geben und mit den Spinatblättern garnieren.

Gemüse | Kürbis

Quiche mit Kürbis und Parmesan

Zutaten

4 Eier, 125 g Butter, 250 g Mehl
1 EL kaltes Wasser
600 g geputzter Kürbis, 1 große Zwiebel
2 EL Olivenöl, 2 Knoblauchzehen
200 ml Gemüsebrühe
150 g Crème fraîche
100 g geriebener Parmesan
3 EL Kürbiskerne
Salz, Pfeffer, Cayennepfeffer

Zubereitung

Für den Teig Mehl auf eine Arbeitsplatte geben, 1 Ei und 1 EL kaltes Wasser zugeben, alles mit Butter und Salz verkneten, abgedeckt kühl stellen.

Kürbis schälen, putzen, klein schneiden. Mit Zwiebelwürfeln, gehacktem Knoblauch und Olivenöl in einer Pfanne anschwitzen. Mit Gemüsebrühe auffüllen und etwa 20 Minuten kochen, pürieren und abkühlen lassen.

Den Teig rund ausrollen, in eine gefettete feuerfeste Form geben, dabei einen drei Zentimeter hohen Rand formen. 3 Eier, Crème fraîche und Parmesan zum Kürbispüree geben und gut verrühren, abschmecken und auf den Teig geben. Die Kürbiskerne darüber verteilen. Im 200 Grad heißen Ofen (Umluft 180 Grad) etwa 45 Minuten backen. Warm oder kalt servieren.

Raffiniert Kürbis I Gemüse

Tiramisu aus Kürbis und Orangen

Zutaten

500 g geputzter Kürbis
4 große Orangen
je 1 Vanilleschote und Zimtstange
Orangenlikör (Grand Marnier)
150 ml Weißwein
4 Gewürznelken, Honig
3 Eier, 250 g Zucker
400 g Mascarpone
5 Blatt Gelatine
Löffelbiskuit
50 ml Espresso

Zubereitung

Weißwein, Saft und Schale der Orangen, Zimtstange, Gewürznelke und ausgeschabte Vanilleschote zum Kochen bringen, die Kürbiswürfel darin garen, zum Schluss alles pürieren (vorher Gewürze entfernen). Gelatine in kaltem Wasser einweichen, gut ausdrücken und unterrühren. Alles abkühlen lassen. Eier trennen, Eiweiß steif schlagen und kalt stellen. Eigelbe mit Zucker schaumig schlagen, Mascarpone zugeben, kräftig schaumig schlagen. Kürbispüree dazugeben, mit Honig und Orangenlikör abschmecken und das geschlagene Eiweiß unterheben. Eine flache Form mit Löffelbiskuit auslegen, mit Orangenlikör und Espresso beträufeln. Die Masse darauf verteilen und im Kühlschrank fest werden lassen.

Olaf Kranz

Gemüse | Sellerie

Sellerie-Reibekuchen mit Rauchlachs

Zutaten

250 g Kartoffeln
250 g Knollensellerie
2 Eigelb
200 g Räucherlachs (geschnitten)
50 g Crème fraîche
Salz, Pfeffer, Muskatnuss
Essig, Öl
Salatkräuter
Blattsalate nach Belieben

Zubereitung

Die Kartoffeln und den Sellerie schälen und getrennt reiben, die Kartoffelmasse anschließend leicht ausdrücken. Kartoffeln, Sellerie und Eigelb mischen und mit Salz, Pfeffer und Muskat abschmecken. Das Öl in einer Pfanne erhitzen, aus der Masse kleine, flache Reibekuchen formen und diese von beiden Seiten goldgelb braten. Die warmen Reibekuchen mit den Räucherlachsscheiben und der Crème fraîche auf einem Teller anrichten. Die Blattsalate putzen und waschen. Öl, Essig, Salz, Pfeffer und Salatkräuter zu einer Vinaigrette verrühren. Salat auf dem Teller anrichten, mit der Vinaigrette beträufeln.

Raffiniert Sellerie | Gemüse

Sellerie-Schaum mit Apfel-Hirschspieß

Zutaten

Knollensellerie (etwa 500 g)
50 g Butter, 1 Schalotte
400 ml Hühnerfond
100 ml Sahne
2 Äpfel, Salz, Pfeffer
100 g Hirschfilet
50 g Rauchbauch in dünnen Scheiben
4 lange Holzspieße
6 Reagenzgläser (aus der Apotheke)

Zubereitung

Sellerieknolle in der Mitte teilen, 200 g davon schälen und in kleine Würfel schneiden, mit Schalottenwürfeln in der Butter farblos anschwitzen und leicht salzen. Mit dem Hühnerfond aufgießen und bei kleiner Hitze im geschlossenen Topf köcheln, bis der Sellerie weich ist. Sahne zugeben und die Suppe mit einem Mixstab pürieren.

Zum Anrichten der Spieße Hirschfilet in etwa 1,5 cm große Würfel schneiden, pfeffern und mit dem Rauchbauch umwickeln. Die Äpfel zu Spalten verarbeiten und abwechselnd mit dem Hirsch auf den Holzspieß stecken. Die Spieße in etwas Öl ganz kurz anbraten.

In die zweite Selleriehälfte mit dem Apfelausstecher Löcher stanzen, die Reagenzgläser hineinstellen, mit der Suppe füllen und mit den Spießen garnieren.

Thorsten Bubolz

Hühnerbrust mit Oliven

Zutaten

4 Hühnerbrustfilets
20 schwarze Oliven ohne Kern
20 g Zwiebeln
30 g Tomatenmark
30 g Porree und 50 g Speck (jeweils gewürfelt und angebraten)
50 g geriebenen Gouda
50 g Semmelbrösel
1 Ei
60 ml Olivenöl
je 1 rote, gelbe und grüne Paprika
100 ml Bratenjus (Fertigprodukt)
50 ml Rotwein
Salz, Pfeffer, Paprikapulver
Mehl zum Bestäuben
Butter und Olivenöl zum Braten

Zubereitung

Das Fleisch mit Salz, Pfeffer, Paprikapulver würzen, in Mehl wenden, anbraten. 12 Oliven und die Zwiebel fein hacken, pürieren, mit Tomatenmark, Speck, Gouda, Semmelbrösel und Olivenöl vermengen, die Masse gleichmäßig auf den Filets verteilen, im Ofen 8 Minuten bei 200 Grad fertig garen.
Für die Soße Rotwein auf $1/3$ einreduzieren, restliche 8 Oliven würfeln und mit der Jus dazugeben, salzen, pfeffern. Paprika würfeln, in Olivenöl anschwitzen, salzen, pfeffern. Mit dem Fleisch anrichten.

Raffiniert — Oliven | Gemüse

Oliven-Sahneeis mit Latte Macchiato

Zutaten

500 ml Sahne, 230 g Zucker
1 Eigelb, 30 g schwarze Oliven
300 ml Vollmilch
Mark einer Vanilleschote
20 ml Amaretto
Saft einer halben Zitrone
Früchte zum Garnieren

Anstelle von purem Zucker empfiehlt sich eine Mischung (Invertzucker) aus 30 g Zucker, 50 g Fructose, 50 g Glukose und 30 g Trimolin, die das Eis schön sahnig macht.

Zubereitung

150 g Zucker und Eigelb aufschlagen. Sahne mit Oliven (und gegebenenfalls der Fructose, der Glukose und dem Trimolin) aufkochen und pürieren, mit der Eimasse mischen. Die Masse auf genau 83 Grad erhitzen (Thermometer in den Topf halten), dann in die Eismaschine geben und drei Stunden im Tiefkühlfach durchkühlen (Wer keine Eismaschine hat, nimmt einen Topf und rührt die Masse alle 10 Minuten um).
Für den Latte Macchiato Milch, Vanillemark und restlichen Zucker aufkochen, abkühlen lassen. Mit Zitronensaft und Amaretto mischen, aufschäumen und in ein hohes Glas füllen. Mit Oliveneis servieren, mit Früchten garnieren.

Frank Ollhoff

Gemüse I Steinpilz

Einfach

Steinpilz-Crostini mit Spänen vom Parmesan

Zutaten

½ Baguette
100 ml Olivenöl
350 g Steinpilze
2 Schalotten
80 g Parmesankäse
30 g Butter
frischer Schnittlauch
Salz
Pfeffer
Zucker
einige Spritzer frischer Zitronensaft

Zubereitung

Frisches Baguette in Scheiben schneiden, mit Olivenöl beträufeln und im Grill kross von beiden Seiten rösten. Die Pilze putzen, in Scheiben schneiden und in Olivenöl scharf anbraten, die feingewürfelten Schalotten zugeben und mitbraten. Pilze würzen, Butter und Schnittlauchringe zugeben und die Pilze auf die Baguettescheiben geben. Mit dem gehobelten Parmesan überbacken.

Jörg Mergner

Raffiniert — Steinpilz | Gemüse

Gebratenes Steinbuttfilet unter der Steinpilzkruste

Zutaten

4 Steinbuttfilets à 150 g
350 g Steinpilze, 90 g Butter
2 Weißbrotscheiben (gerieben, ohne Rinde)
Kräuter nach Belieben, Öl zum Anbraten
Salz, Pfeffer
200 g Risotto-Reis
60 g Schalottenwürfel, 30 ml Olivenöl
40 g Parmesankäse
Fleischbrühe (1,5-fache der Reismenge)
60 g Kräuterbutter
Kirschtomaten zum Garnieren

Zubereitung

80 g Butter schaumig schlagen, das fein geriebene Weißbrot und die Kräuter zugeben, abschmecken. Die Pilze in feine Scheiben schneiden. Das Steinbuttfilet kurz anbraten und fast fertig garen, mit den Pilzen belegen, die Buttermasse darüber geben und gratinieren.
Für das Risotto Reis waschen und gründlich abtropfen lassen, erst die Schalottenwürfel, dann den Reis in der restlichen Butter glasig dünsten. Nach und nach die heiße Brühe zugeben und, falls nötig, noch etwas salzen. Zugedeckt bei schwacher Hitze und gelegentlichem Umrühren gar ziehen lassen. Geriebenen Parmesan und die Kräuterbutter zugeben. Fischfilet mit dem Risotto anrichten, mit gebratenen Kirschtomaten garnieren.

Jörg Mergner

Gemüse I Spargel

Einfach

Spargel mit Sauce Hollandaise und Schinken

Zutaten

Pro Person 450 g Spargel
Kartoffeln
Schinken nach Wahl (Schwarzwälder, Parmaschinken, gekochter Schinken)
Zucker
Zitronensaft
4 El Champagneressig
8 EL Wasser
Pfefferkörner
40 g fein gewürfelte Schalotten
3 Eigelb
250 geklärte Butter

Zubereitung

Spargel schälen und in gesalzenem Wasser mit etwas Zucker und Zitrone bissfest kochen.
Für die Sauce Hollandaise Champagneressig, Wasser, Pfefferkörner und fein gewürfelte Schalotten in einen Topf geben und auf ein Drittel einkochen. 3 Eigelb mit etwas Reduktion im Wasserbad bis zum lockeren Stand schlagen. Etwa 250 g geklärte Butter (dazu Butter in einem Topf erwärmen, bis sie klar ist) tropfenweise zugeben und die Hollandaise nach Belieben abschmecken. Mit den Kartoffeln und dem Schinken servieren.

Jörg Mergner

Raffiniert — Spargel | Gemüse

Spargelcharteuse mit Hummer und feiner Creme

Zutaten

Butter, 150 g Spargelabschnitte
125 ml Geflügelbrühe, 50 ml Sahne
125 ml Spargelfond
Salz, weißer Pfeffer, Zucker
50 ml Sahne (geschlagen)
4 Blatt Gelatine, 1 Stück Hummer
Filets von zwei Orangen
Blattsalat nach Wahl
1 Eigelb, etwas Pflanzenöl
Salz, Orangensaft, einige Minzblätter
gekochter weißer Spargel als Garnitur

Zubereitung

Spargelabschnitte in der Butter anschwitzen, mit der Geflügelbrühe auffüllen. Mit Salz, weißem Pfeffer und Zucker würzen und langsam mit 50 ml Sahne einkochen, bis der Fond weg ist. Mit dem Spargelwasser auffüllen und aufkochen. Die vorher in kaltem Wasser eingeweichte Gelatine zugeben. Alles im Mixer pürieren und durch ein Sieb geben. Zum Abkühlen rühren, kurz vor dem Festwerden geschlagene Sahne zugeben. Masse in kleine Förmchen füllen, stürzen und die Spargelspitzen anstellen.
Für die Mayonnaise Pflanzenöl in das Eigelb einrühren, mit Salz, Orangensaft und der Minze abschmecken. Mit Salat, Hummerfleisch und Orangen-Minzmayonnaise anrichten.

Jörg Mergner

Gemüse I Spargel — Einfach

Salat von grünem Spargel und Orange

Zutaten

600 g grüner Spargel
2 Orangen
Saft von 2 Orangen
1 Schalotte
frischer Estragon
30 ml Olivenöl
Blattsalat nach Wahl
Salz, Pfeffer

Zubereitung

Spargel putzen und in gut gesalzenem Wasser bissfest garen (das Wasser kann ruhig etwas übersalzen sein). Zwei Orangen schälen und die Filets herausschneiden. Die Schalotte schälen und in feine Würfel schneiden. Die Estragonblätter vom Stiel zupfen und fein hacken. Den Salat putzen, waschen und gut abtropfen lassen. Etwas Öl in der Pfanne erhitzen, die fein gewürfelten Schalotten darin glasig schwitzen und mit dem Saft der anderen beiden Orangen ablöschen. Den Estragon-Stiel dazugeben, die Flüssigkeit leicht einköcheln lassen und mit Salz und Pfeffer würzen. Mit dem Olivenöl aufmixen und zum Schluss die fein geschnittenen Estragonblätter zugeben. Den Spargel mit den Orangenfilets auf einem Teller anrichten, mit der Orangensoße beträufeln. Mit Blattsalaten garnieren.

Raffiniert

Petersfisch mit Spargel und Bellota-Schinken

Zutaten

600 g Fischfilet (Petersfisch, Seeteufel)
400 g grüner Spargel
90 g Bellota- oder Serranoschinken
300 g festkochende Kartoffeln
Blattpetersilie
Salz, Pfeffer
Olivenöl zum Braten
Mehl zum Bestäuben

Zubereitung

Spargel putzen und in gut gesalzenem Wasser bissfest garen (das Wasser kann ruhig etwas übersalzen sein). Die Kartoffeln schälen und in Würfel schneiden. Etwas Olivenöl in einer Pfanne erhitzen, die Kartoffelwürfel darin kross braten. Das Fischfilet salzen und pfeffern, mit Mehl bestäuben. Etwas Olivenöl in einer Pfanne erhitzen, den Fisch hineingeben und bei mittlerer Hitze langsam etwa 7 bis 8 Minuten braten. Den Spargel fächerförmig auf dem Teller anrichten, das Fischfilet darauf legen. Die Schinkenscheiben zu kleinen Röllchen formen und auf das Fischfilet setzen, mit Petersilie garnieren. Mit Kartoffelwürfeln umgeben und mit etwas Olivenöl beträufeln.

Jörg Mergner

Gemüse I Rosmarin

Kleine Rosmarinbrötchen

Zutaten

500 g Mehl
20 g Hefe
7cl lauwarmes Wasser
6 Eier
50 g Zucker
300 g zimmerwarme Butter
ein paar Zweige Rosmarin
Salz, Honig
Würfel von zwei kleinen Zwiebeln
Olivenöl

Zubereitung

Das Mehl auf die Arbeitsfläche geben und in der Mitte eine Mulde lassen. Die Hefe im lauwarmen Wasser auflösen und zusammen mit den Eiern, dem Zucker und dem Salz zum Mehl geben. Rosmarin zupfen, grob hacken, mit den Zwiebeln in etwas Olivenöl anschwitzen und mit etwas Honig aromatisieren. Anschließend kurz abkühlen lassen, mit der Butter gleichmäßig unter den Teig heben und diesen gut durchkneten. Anschließend an einem warmen Ort für etwa eine Stunde gehen lassen. Den Teig nochmals durchkneten und zu kleinen Kugeln formen. Auf ein mit Backpapier ausgelegtes Blech geben und 20 Minuten gehen lassen. Die Brötchen etwa 30 Minuten bei 175 Grad goldgelb backen.

Raffiniert — Rosmarin | Gemüse

Focaccia mit Rosmarin

Zutaten

400 g Mehl
20 g Hefe
100 g Ziegenfrischkäse
200 ml lauwarmes Wasser
Würfel von 3 Schalotten
50 g getrocknete Tomaten
30 g frisch geriebener Parmesan
ein paar Zweige Rosmarin
Salz, Olivenöl, Knoblauch

Zubereitung

Mehl und Salz in einer Schüssel mischen, die Hefe mit dem lauwarmen Wasser verrühren und auflösen. Den gezupften Rosmarin, Schalottenwürfel und etwas klein gehackten Knoblauch in Olivenöl anschwitzen und mit der Hefe zum Mehl geben. Anschließend zu einem glatten Teig verarbeiten und zugedeckt an einem warmen Ort für eine Stunde gehen lassen. Den Hefeteig nochmals durchkneten und in zwei Hälften teilen. Die eine Hälfte ausrollen und auf ein gefettetes Backblech geben. Darauf den Ziegenkäse, die Tomaten, geriebenen Parmesan und einige Rosmarinnadeln verteilen, dann mit der zweiten Hälfte des Teiges bedecken. Nochmals gehen lassen. In die Oberfläche kleine Mulden drücken, etwas Olivenöl darin verteilen. Bei 200 Grad etwa 20 Minuten backen.

Olaf Kranz

Gemüse I Graupen

Einfach

Graupenrisotto mit Brunnenkresse

Zutaten

120 g Perlgraupen (mittel)
2 Schalotten
40 g Butter
300 bis 400 ml Hühnerbrühe
1 Karotte
150 g Knollensellerie
150 g Lauch
100 g geriebener Parmesan
40 g Brunnenkresse

Zubereitung

Die Graupen im Salzwasser kochen, bis sie weich sind. Die Schalotten in Würfel schneiden und in der Butter farblos anschwitzen. Das Gemüse in feine Würfel schneiden und zusammen mit den Graupen zugeben. Die Hühnerbrühe auffüllen, bis die Graupen gerade bedeckt sind. Das Ganze nicht abgedeckt köcheln lassen, bis das Gemüse weich ist. Kurz vor dem Anrichten den Parmesan und die geschnittenen Brunnenkresseblätter zugeben.

Thorsten Bubolz

Raffiniert Graupen | Gemüse

Graupen Wan-Tan mit Ananas und Pinienkernen

Zutaten

12 Blatt Wan-Tan-Teig (Asia-Laden)
40 g Butterschmalz
100 g Perlgraupen (mittel)
40 g Butter
50 g Schalottenwürfel
10 g Tomatenmark
1 EL Paprikapulver (edelsüß)
50 ml Kokosmilch
ca. 350 ml Hühnerbrühe
200 g Ananas
50 g Pinienkerne
300 ml Öl zum Braten
Olivenöl

Zubereitung

Schalottenwürfel und Graupen in der Butter anschwitzen, Tomatenmark und das Paprikapulver zugeben. Mit Kokosmilch und Hühnerbrühe auffüllen und leicht köcheln lassen, eventuell noch Brühe zugeben, bis die Graupen weich sind und nur noch wenig Fond im Topf ist. Ananas in kleine Würfel schneiden und in etwas Olivenöl kurz anbraten, Pinienkerne zugeben, bis sie leicht Farbe genommen haben. Alle Zutaten vermengen und auf Zimmertemperatur abkühlen lassen. Die Wan-Tan-Blätter auslegen und die Graupenmasse in Form einer Rolle auf den Teig geben und einrollen, die Enden andrücken. Die Teigtaschen im heißen Öl in der Pfanne von jeder Seite etwa 2 bis 3 Minuten goldgelb braten.

Thorsten Bubolz

Gemüse | Maronen

Einfach

Glasierte Maronen

Zutaten

500 g geschälte Maronen
100 g Zucker
100 g Butter
nach Wunsch Rosmarin und grünen Pfeffer

Zubereitung

Butter und Zucker mit etwas Wasser zu einem Karamell kochen, geschälte Maronen zugeben und das Ganze bei schwacher Hitze glasieren.
Mit etwas gehacktem Rosmarin und grünem Pfeffer abschmecken. Passt wunderbar zu Wild und Wildgeflügel.

Stefan Hermann

Raffiniert Maronen I Gemüse

Maronen-Rahmsüppchen

Zutaten

150 g Schalotten
100 g Butter
500 g Maronen
750 ml Geflügelfond
300 ml Sahne
125 ml Weißwein
125 ml Noilly Prat
125 ml weißer Portwein
Salz
Maronenstückchen als Suppeneinlage
8 Scheiben mild geräucherter Bauchspeck (je 5 g)

Zubereitung

Schalotten fein hacken und in Butter andünsten. Die fein gewürfelten Maronen zugeben und dünsten. Das Ganze mit dem Alkohol ablöschen und einreduzieren, mit Geflügelfond und Sahne auffüllen. Die Maronen weich köcheln, Suppe im Mixer pürieren, durch ein Haarsieb passieren. Mit Salz abschmecken. Den Speck in kleine Würfel schneiden, kurz blanchieren und dann im heißen Öl kross anbraten. Speck auf Küchenpapier abtropfen lassen. Die heiße Suppe in Suppenteller verteilen und den gerösteten Speck darüber verteilen.

Stefan Hermann

Obst

Obst | Kirschen — Einfach

Rote Grütze von Kirschen

Zutaten

400 g Kirschen
0,2 l Rotwein
0,1 l Barolo
0,1 l roter Portwein
100 g Zucker
80 g Soßenbinder
50 ml Kirschsaft
Vanilleeis
Zitronenmelisse

Zubereitung

Die frischen Kirschen halbieren und entsteinen. Den Zucker in einen Topf geben und goldgelb karamellisieren lassen. Anschließend mit dem Rotwein, dem Barolo und dem roten Portwein ablöschen. Nun den Fond für etwa 10 Minuten einreduzieren und mit dem in Kirschsaft angerührtem Soßenbinder abbinden und erneut kurz aufkochen lassen. Den abgebundenen Fond von der Flamme ziehen. Die Kirschen in den Fond geben und auskühlen lassen. Die Rote Grütze in eine Schale geben, mit einer Kugel Vanilleeis bedecken und zum Abschluss mit etwas Zitronenmelisse garnieren.

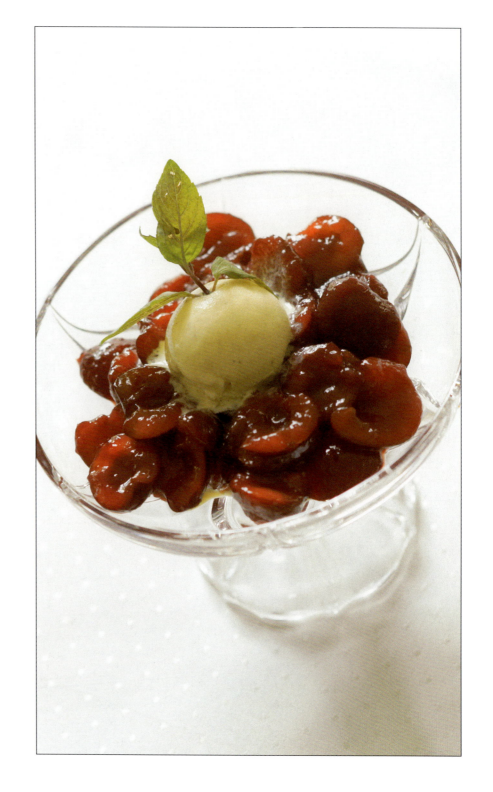

Raffiniert Kirschen I Obst

Kirschen in Variationen

Zutaten

300 g Kirschpüree, 130 g Puderzucker
100 g Sahne, 3 ½ Blatt Gelatine
2 cl Kirschwasser
8 Kirschen (entsteint; Stiel bleibt dran)
20 g Marzipan
0,125 l Weißwein
125 g Mehl
25 g Öl
1 Eigelb, 3 Eiklar
Fett zum Ausbacken

Zubereitung

Für das Kirschmousse Sahne mit 80 g Puderzucker steif schlagen. Gelatine im kalten Wasser einweichen. Das Kirschwasser im Topf erhitzen und die Gelatine darin auflösen. Kirschwasser in Püree geben und verrühren. Die geschlagene Sahne unter das fast gelierende Püree geben und 1 Stunde in den Kühlschrank stellen.

Für den Kirschbeignet die entsteinten Kirschen mit Marzipan füllen. Aus Weißwein, Mehl, Öl und Eigelb einen Teig herstellen. Eiklar und restliches Puderzucker steif schlagen und unter den Teig heben. Kirschen durch den Teig ziehen und im tiefen Fett goldgelb ausbacken.

Mario Pattis

Obst I Pflaumen — Einfach

Speckpflaumen mit Entenbrust

Zutaten

4 Enten- oder Hähnchenbrustfilets
½ Mango (geschält und filetiert)
16 Backpflaumen
150 g Reis
50 g Walnüsse
1 EL (Walnuss-)Öl
½ l Gemüsebrühe
20 g Zwiebelwürfel
Rotwein, 150 ml Pflaumensaft
Salz, Pfeffer
16 Zahnstocher

Zubereitung

Von jedem Entenbrustfilet längs vier schmale Streifen abschneiden, salzen und pfeffern, jeweils eine Backpflaume darauf legen, zusammenrollen und mit einem Zahnstocher feststecken. Zusammen mit der restlichen Entenbrust 4 Minuten von beiden Seiten knusprig braten, einige Minuten im Ofen ruhen lassen. Den Bratenfond mit Rotwein ablöschen, mit Pflaumensaft aufgießen, aufkochen und die Soße um ein Drittel reduzieren. Reis in der Gemüsebrühe blanchieren. Zwiebelwürfel und grob gehackte Walnüsse in Walnussöl andünsten, den Reis dazugeben und bei kleiner Hitze garziehen lassen. Die Entenbrust mit dem Reis anrichten, mit der Soße beträufeln und den Mangospalten garnieren.

Klaus-Dieter Brüning

Raffiniert | Pflaumen I Obst

Frische Pflaumen mit Süssholzparfait

Zutaten

4 große Pflaumen, 3 Eier, 2 Eigelb

10 g geriebenes Süßholz (Reformhaus; alternativ: 2 Rollen Lakritz)

50 ml Weißwein

15 g Zucker, 15 g Vanillezucker

10 ml Amaretto

100 ml geschlagene Sahne

50 g geriebene Mandeln

50 g Kokosflocken, Puderzucker

200 ml chinesischer Pflaumenwein

10 g Vanille-Puddingpulver

Fett zum Backen

Zubereitung

Süßholz in den Wein geben (oder Lakritz darin auflösen), 2 Eier, 2 Eigelb, je 10 g Zucker und Vanillezucker, Amaretto dazugeben. Im warmen Wasserbad cremig aufschlagen. In Eiswasser kalt rühren, geschlagene Sahne unterheben. Etwa 3 Stunden im Eisfach kühlen. Pflaumen in der Mitte fast ganz durchschneiden und entkernen, mit dem Parfait füllen und wieder zusammenklappen. Ei verquirlen, Mandeln, Kokosflocken und Puderzucker vermischen und die Pflaumen damit panieren. Direkt vor dem Servieren kurz in heißem Fett goldgelb backen. Für die Soße Pflaumenwein, je 5 g Zucker und Vanillezucker aufkochen, mit Vanillepuddingpulver binden. Die gefüllten Pflaumen mit der Soße beträufeln.

Klaus-Dieter Brüning

Obst | Erdbeeren

Einfach

Schokolierte Erdbeer-Ananasspieße

Zutaten

8 Erdbeeren
½ Ananas
150 g Zartbitterkuvertüre
50 g Pistazien (gehackt)
8 Zahnstocher

Am aromatischsten sind Freiland-Erdbeeren. Deshalb ist der Juni die beste Zeit, dann wachsen sie nämlich auch hier in Deutschland. Das hat außerdem den Vorteil, dass die Früchte einen kurzen Transportweg hinter sich haben.

Zubereitung

Die Erdbeeren waschen, den Blätteransatz mit einem Messer entfernen und die Frucht halbieren. Ananas schälen, den Strunk entfernen und das Fruchtfleisch in etwa zwei Zentimeter große Würfel schneiden. Jeweils eine Erdbeere und einen Ananaswürfel auf einen Zahnstocher spießen. Wasser in einem Topf erhitzen, Kuvertüre im Wasserbad schmelzen. Dann den Ananaswürfel in die flüssige Kuvertüre tauchen, anschließend den Boden der Ananas in die gehackten Pistazien drücken. Die Erdbeer-Ananas-Spieße auf einem Teller anrichten und erkalten lassen.

Thorsten Bubolz

Raffiniert Erdbeeren | Obst

Mandel-Erdbeerkuchen mit Basilikumpesto

Zutaten

400 g Erdbeeren, 100 g Butter
225 g Zucker, 100 g Eigelb
100 g Marzipan, 1 cl Amaretto
150 g Eiweiß
100 g Mandelgrieß
40 g Mehl
5 g Backpulver
1 Bund Basilikum
100 ml Weißwein halbtrocken
100 ml Apfelsaft
5 g Tortenguss klar

Zubereitung

Für den Mandelkuchen Butter und 50 g Zucker schaumig schlagen, das Eigelb unterrühren. Marzipan mit Amaretto glattrühren und dazugeben. Eiweiß und 125 g Zucker zu Schnee schlagen – unterheben. Mandelgrieß, Mehl und Backpulver mischen und unterziehen. Die Masse etwa zwei Zentimeter hoch auf ein Backblech mit Backpapier geben. Bei 140°C etwa 10-15 Minuten backen, abkühlen, kreisförmige Böden ausstechen.

Für das Pesto Weißwein und Apfelsaft auf die Hälfte einkochen, restlichen Zucker unterrühren, erkalten lassen. Gehacktes Basilikum zugeben und pürieren, Tortenguss einrühren, kühl stellen. Die Mandelböden mit 300 g Erdbeeren belegen, mit dem Pesto beträufeln. Restliche Erdbeeren pürieren, als Soße mit anrichten.

Thorsten Bubolz

Obst | Orangen Einfach

Orangensalat

Zutaten

2 Blutorangen
2 Orangen
250 g frischer Thunfisch
Wintersalate nach Geschmack
1 frische Chili
2 EL Olivenöl
1 Spritzer Fischsoße

Zubereitung

Orangen waschen und etwas von der Schale abreiben, dann schälen und filetieren. Den Saft auffangen. Thunfisch in Scheiben schneiden und im Orangensaft marinieren. Chili längs halbieren, entkernen und in feine Ringe schneiden. Den Salat putzen. Thunfisch, Orangen, Salat und Chili auf einem Teller anrichten. Fischsoße und Olivenöl vermischen und darüberträufeln.

Raffiniert Orangen I Obst

Orangen-Risotto

Zutaten

2 Blutorangen, 2 Orangen
200 g Risotto-Reis
2 Schalotten
1 EL Öl
Weißwein zum Ablöschen
Orangensaft
1 frische Chili
250 g frischer Thunfisch
1 kleines Bund Basilikum
einige Korianderblätter zum Garnieren
4 TL Sojasoße
Butter, geriebenen Parmesankäse
Salz, Pfeffer

Zubereitung

Die Orangen schälen und filetieren, den Saft auffangen. Schalotten schälen und fein hacken. Etwas Öl in einem Topf erhitzen, Schalotten andünsten. Risotto-Reis dazugeben, kurz andünsten und mit Weißwein ablöschen. Den Reis bei geringer Hitze weiter köcheln lassen, dabei nach und nach den Saft der Orangen dazugeben (falls nötig, weiteren Orangensaft nehmen). Häufig umrühren. Am Schluss etwas Butter und Parmesan dazugeben, mit Salz und Pfeffer abschmecken. Chili längs halbieren, entkernen und in feine Ringe schneiden. Thunfisch würfeln und mit den Orangenfilets in das Risotto geben, aber nicht mehr kochen. Mit Chili-Ringen und den Kräutern auf einem Teller anrichten und mit etwas Sojasoße beträufeln.

Uwe Haufe

Obst I Zitrone

Einfach

Zander mit Zitronensoße

Zutaten

800 g Zanderfilet
2 Bio-Zitronen
800 g neue Kartoffeln
Topf Zitronenthymian
250 ml Schlagsahne
2 cl milden Weißwein
Olivenöl zum Braten, Salz, Pfeffer
Zucker zum Karamellisieren

Zubereitung

Fischfilets in Olivenöl goldbraun braten (Innenseite zuerst), wenden, mit Salz und Pfeffer würzen, einen Zweig Zitronenthymian dazugeben. Bei 120 Grad fünf Minuten im Ofen garen. Die Kartoffeln (mit Schale) in Salzwasser bissfest garen. Von einer Zitrone Schale abreiben (nur die gelbe Schale, die weiße enthält Bitterstoffe), den Saft auspressen. Schlagsahne zum Kochen bringen, Weißwein und Zitronensaft dazugeben, um ¼ reduzieren, mit Salz, Pfeffer, Zitronenschale und fein gehacktem Thymian abschmecken. Die andere Zitrone mit heißem Wasser abspülen, in Scheiben schneiden. Zucker schmelzen und die Scheiben darin karamellisieren. Fisch und Kartoffeln anrichten, Soße darüber geben und mit karamellisierten Zitronen garnieren.

Margit Dippmann

Raffiniert — Zitrone I Obst

Dorade mit Safranlinguine und Zitronenschaum

Zutaten

4 Doradenfilets
je 4 Stangen weißer und grüner Spargel
4 Scheiben Parmaschinken
1 Topf Zitronenmelisse
400 g Linguine, 250 ml Schlagsahne
2 Bio-Zitronen, Olivenöl,
2 cl Weißwein, 1 g Safranfäden
50 g Butter, Salz, Pfeffer
Zitronen-Olivenöl

Zubereitung

Spargel blanchieren. Auf je einen weißen und einen grünen Spargel ein Blatt Zitronenmelisse legen, mit Schinken umwickeln. Die Fischfilets in 1 cm Abstand einschneiden, Spargel einfädeln, in heißem Olivenöl anbraten, salzen, pfeffern, im Ofen bei 120 Grad 5 Minuten garen. Linguine kochen, abgießen, 0,1 Liter vom Nudelwasser aufheben. Nudelwasser, 20 g Butter und Safran bei mäßiger Hitze schmelzen, Linguine darin schwenken. Zitronen waschen, Schale abreiben, Saft auspressen. Sahne aufkochen, Weißwein und Zitronensaft dazugeben, um ¼ reduzieren, abschmecken. Restliche Butter dazugeben, die Soße schaumig schlagen, gehackte Zitronenmelisse und Zitronenschale unterheben. Mit Fisch und Nudeln anrichten, mit Zitronen-Olivenöl beträufeln.

Margit Dippmann

Obst I Mango

Einfach

Mangosuppe mit Chili

Zutaten

2 reife Mangos
1 rote Chilischote oder
eine Löffelspitze Sambal Olek
1 Schalotte, 200 ml Geflügelbrühe
200 ml Schlagsahne (30 % Fett)
20 g Butter
10 g Mehl
4 Riesengarnelen
Minze zum Garnieren
Öl

Zubereitung

Die Mangos schälen und würfeln. Vier Würfel beiseite legen. Die Chilischote längs halbieren, die Kerne entfernen und die Schote würfeln. Die Schalotte abziehen und ebenfalls fein würfeln. Chili und Schalotte in 10 g Butter anschwitzen, die Mangowürfel dazugeben und alles mit der Geflügelbrühe auffüllen. 3 bis 4 Minuten köcheln lassen, die Sahne dazugeben und alles pürieren, eventuell den Rest der Butter mit 10 g Mehl verkneten und die Mehlbutter unterrühren. Die Riesengarnelen am Rücken mit einem scharfen Messer ein Stück einschneiden, in heißem Fett kurz braten. Die Suppe in Teller füllen, in die Mitte je einen Mangowürfel legen und je eine Garnele darauf setzen. Mit Minze garnieren.

Dirk Wende

Raffiniert

Mango | Obst

Gratinierte Mango mit Joghurt und Honig

Zutaten

2 reife Mangos
40 g Zucker
3 Eier
100 g Natur-Joghurt
1 Vanilleschote
1 Esslöffel Honig
4 feuerfeste Dessert-Teller
4 Kugeln Schokoladeneis
Minzblättchen zum Garnieren

Zubereitung

Die Mangos schälen. Pro Person eine halbe Mango in Spalten schneiden und fächerförmig auf einem Teller anordnen. Die Eier trennen. Eigelb mit dem Zucker verrühren und im Wasserbad schaumig schlagen. Das Mark der Vanilleschote ausschaben und dazugeben. Solange rühren, bis sich der Zucker vollständig aufgelöst hat. Die Masse abkühlen lassen, dann Honig und Joghurt unterrühren. Das Eiweiß steif schlagen und vorsichtig unter die restliche Masse heben. Den Ofen auf 220 Grad Oberhitze (Umluft 200 Grad) vorheizen, die Gratinmasse über das Obst geben und 5 bis 7 Minuten goldgelb überbacken. Aus dem Ofen nehmen und je eine Kugel Schoko-Eis darauf setzen. Mit Minzblättchen garnieren.

Dirk Wende

Obst I Rhabarber — Einfach

Rhabarber-Ricottagratin mit Amarettini

Zutaten

1 kg Rhabarber
250 g Ricotta
3 Eier
150 g Zucker
1 Zitrone
100 g Amarettini
1 Vanilleschote
Zimt, Zucker, Nelken
2 l Wasser
Vanilleeis

Zubereitung

Einen Sud aus etwa 2 Liter Wasser, Zimt, Zucker und Nelken kochen. Den geschälten Rhabarber in Rauten schneiden und bissfest blanchieren, mit Eiswasser abschrecken und abtropfen. Die Eier trennen und das Eiweiß schlagen. Eigelbe mit Zucker schaumig rühren, Vanillemark und Ricotta dazugeben und verrühren. Klein gehackte Zitronenschale und den Saft zugeben und mit dem geschlagenen Eiweiß unterheben. Die Amarettini grob zerkleinern, mit dem Rhabarber vermischen und in eine gefettete Auflaufform geben. Bei etwa 200 Grad 20 Minuten goldgelb backen und dann warm mit Vanilleeis servieren.

Olaf Kranz

Raffiniert

Rhabarber-Erdbeerpolenta mit Balsamico-Honigsirup

Zutaten

1 kg Rhabarber (geschält)
150 g Polenta (Maisgrieß)
250 g Erdbeeren, 250 ml Sahne
400 g Zucker, 3 Blatt Gelatine
1 Vanilleschote, Zimt, Nelken
50 ml dunkler Balsamico
100 g Honig
50 ml Portwein
100 ml Orangensaft
200 ml Wasser

Zubereitung

Für die Polenta einen Sud (siehe Seite 128) kochen. Eine Hälfte des Rhabarbers in 1 cm große Würfel, die andere längs in dünne Scheiben schneiden. Im Sud bissfest blanchieren, abschrecken, abtropfen. Erdbeeren pürieren. 250 ml des Rhabarbersuds mit Sahne, 200 g Zucker und Vanillemark aufkochen, den Maisgrieß einstreuen. Auf kleiner Flamme köcheln, dabei weiterrühren. Erdbeerpürree, Rhabarberwürfel und eingeweichte Gelatine unterheben. Kleine Auflaufförmchen mit den Rhabarberscheiben auslegen, mit der Polenta füllen und kalt stellen. Für den Sirup 200 g Zucker karamellisieren. Mit Portwein, Orangensaft und Wasser ablöschen. Honig und Balsamico zugeben, dickflüssig einkochen. Polenta auf einen Teller stürzen und mit dem Sirup beträufeln.

Olaf Kranz

Saucen, Suppen & Co.

Saucen, Suppen & Co. I Fleischsoße

Einfach

Die Grundjus für alle Fälle

Zutaten

3 kg Knochen und Fleischreste vom Metzger (Rind, Kalb oder Lamm)
0,1 l Pflanzenöl
1 Sellerieknolle
4 Zwiebeln
3 Lorbeerblätter
10 Pimentkörner
2 TL Pfefferkörner
2 EL Tomatenmark
Rotwein zum Ablöschen
Zutaten ergeben rund 0,5 Liter Grundjus.

Zubereitung

Fleisch und Knochen in heißem Öl scharf anrösten, bis sie eine kräftige dunkle Farbe haben. Gemüse ganz grob würfeln und – außer der Zwiebel – dazugeben und mitrösten. Piment, Pfeffer, Zwiebel und Tomatenmark dazugeben, alles mit Rotwein ablöschen und den Fond vom Pfannenboden lösen. Mit Wasser auffüllen, bis alle Zutaten bedeckt sind, zum Schluss die Lorbeerblätter dazugeben. Vier bis fünf Stunden kochen lassen, zwischendurch immer wieder mit Wasser auffüllen. Die Brühe durch ein sehr feines Sieb in einen sauberen Topf passieren, zehn bis 15 Minuten stehen lassen, Fett abschöpfen und die Jus noch einmal eine Stunde einkochen. In Schraubgläser gefüllt, hält sich die Jus im Kühlschrank bis zu drei Monate.

Dirk Wende

Raffiniert — Fleischsoße | Saucen, Suppen & Co.

Lamm mit Schalotten-Rosmarin-Jus

Zutaten

3 EL Grundjus (s. Seite 134)
Olivenöl zum Braten
5 Schalotten
1 Zweig Rosmarin
4 cl Portwein
4 cl Rotwein
3 Lammkarrees à 350 g
Salz, Pfeffer
1 Knoblauchzehe
1 Kräutersträußchen (Rosmarin, Thymian)

Zubereitung

Die Schalotten sehr fein würfeln und in Olivenöl anschwitzen. Rosmarin dazugeben (vor dem Servieren wieder entfernen) und alles mit dem Portwein und dem Rotwein ablöschen. Grundjus dazugeben, alles kurz aufkochen lassen. Die Silberhaut bei den Lammkarrees entfernen, Rippen putzen. Das Fleisch kurz in heißem Olivenöl anbraten, salzen, pfeffern, die zerdrückte Knoblauchzehe und das Kräutersträußchen dazugeben. Die Karrees bei 200 Grad im Ofen vier Minuten fertig garen, anschließend im geöffneten, abgeschalteten Ofen drei bis vier Minuten ruhen lassen. An den Rippen schräg aufschneiden und mit der Soße servieren.

Dirk Wende

Saucen, Suppen & Co. I Fischsoße

Einfach

Fischsoße auf die einfache Art

Zutaten

4 Doraden Royal (400–500 g)
3 Zwiebeln
2 Karotten
2 Lorbeerblätter
1 EL gestoßener weißer Pfeffer
Olivenöl
Sahne
Butter
Weißwein

Zubereitung

Den Fisch filetieren, Olivenöl erhitzen, Fischkarkasse (die Gräten und der Kopf) anschwitzen und die geschälten und gewürfelten Karotten dazugeben. Die Zutaten glasig dünsten und mit Wein ablöschen, danach Eiswasser dazugeben (das langsame Erhitzen befördert die Gerbstoffe nach oben). Alles 45 bis 60 Minuten leicht köcheln lassen, danach abschöpfen. Die verschiedenen Gewürze dazugeben, dann die Soße durch ein Sieb passieren.

Einreduzieren lassen, so lange, bis der Fond Farbe und Geschmack bekommt. Zum Abschluss Sahne dazugeben, die Soße aufkochen lassen und mit Weißwein abschmecken. Am Ende etwas Butter hinzufügen, eventuell erneut einreduzieren.

Dirk Wende

Raffiniert | Fischsoße I Saucen, Suppen & Co.

Feine Safransoße mit Tomatenfilets

Zutaten

5 Safranfäden (Feinkostladen)
4 Doraden Royal (400-500 g)
3 Zwiebeln
2 Karotten
2 Lorbeerblätter
1 EL gestoßener weißer Pfeffer
Olivenöl
Sahne
Butter,
Weißwein
eventuell 1 Tomate

Zubereitung

Die Safransoße wird auf der Basis der einfachen Fischsoße (siehe Seite 134) zubereitet. Dazu die Safranfäden 3 bis 4 Minuten in ein wenig Wasser oder Weißwein köcheln lassen, bis sie sich auflösen. Dann den aufgelösten Safran zur vorbereiteten Fischsoße geben und gemeinsam kurz aufkochen lassen. Wer Lust hat, gibt am Schluss einige Tomatenfilets dazu. Dafür wird die Tomate über Kreuz eingeritzt, dann kurz in kochendem Wasser pochiert und mit kaltem Wasser abgeschreckt. Dann lässt sich die Tomatenhaut am besten abziehen. Die gehäutete Tomate vierteln, die Kerne entfernen und in grobe Würfel schneiden und zur fertigen Fischsoße zugeben.

Dirk Wende

Saucen, Suppen & Co. I Vinaigrette

Einfach

Fruchtige Orangen-Vinaigrette

Zutaten

500 ml Orangensaft
200 ml Sonnenblumenkernöl
200 ml Orangenöl
2 Orangen (filetiert)
Salz, Zucker zum Abschmecken
verschiedene Blattsalate nach Belieben
(Frisee, Chicoree, Lollo Rosso, Romana)
2 Kaninchenrücken
Öl zum Anbraten
Salz, Pfeffer
Blüten zum Garnieren

Zubereitung

Den Orangensaft in einen Topf geben, erhitzen, um die Hälfte reduzieren und erkalten lassen. Das Sonnenblumenkernöl und das Orangenöl dazugeben und mit einem Mixstab luftig aufschlagen. Die Orangen schälen und mit einem scharfen Messer filetieren. Die Vinaigrette mit Salz und Zucker abschmecken, die Orangenfilets dazugeben. Salat putzen, gründlich waschen und trocken tupfen. Die Kaninchenrücken salzen und pfeffern, kurz anbraten, ruhen lassen und in Scheiben schneiden. Den Salat auf einem Teller anrichten, die Fleischscheiben darauf legen. Mit der Vinaigrette beträufeln und mit Blüten garnieren.

Raffiniert — Vinaigrette I Saucen, Suppen & Co.

Tomatige Pinienkern-Vinaigrette

Zutaten

100 g Schalotten
3 Limonen (eine ausgepresst, zwei filetiert), 400 ml Tomatensaft
150 g abgezogene Tomatenwürfel
50 ml weißer Balsamico-Essig
300 ml Olivenöl
50 g geröstete Pinienkerne
Schnittlauch, Petersilie
Salz, Pfeffer, Zucker

Dazu passt gegrillter Fisch z. B. 600 g Seeteufel, dazu Olivenöl, Kräuter, verschiedene Blattsalate.

Zubereitung

Die Schalotten schälen, in feine Würfel schneiden und in Salzwasser blanchieren. Den Tomatensaft in einen Topf geben und auf kleiner Flamme um die Hälfte reduzieren, abkühlen lassen. Mit Limonensaft, Balsamico und Olivenöl vermischen. Vor dem Servieren mit den Limonenfilets, den Schalottenwürfeln, den Tomatenwürfeln, den Pinienkernen und den fein gehackten Kräutern vermischen, abschmecken.
Dazu passt ein Salat mit gegrilltem Seeteufel: Den Fisch auf Alufolie legen, salzen, mit Olivenöl beträufeln und mit Kräuter bestreuen. In die Folie wickeln und auf dem Grill garen.

Thorsten Bubolz

Saucen, Suppen & Co. I Chutney

Einfach

Stachelbeerchutney mit Knoblauch

Zutaten

750 g Stachelbeeren
100 g Zwiebeln
150 g Apfel (säuerlich)
4 Stück Knoblauchzehen
1 TL Salz
250 g Zucker
1 Chilischote mit Kernen
300 ml Essig
Öl

Zutaten ergeben rund 1 kg Chutney.

Zubereitung

Stachelbeeren putzen. Die Zwiebeln und den Knoblauch schälen und fein hacken. Die Äpfel schälen, Kerngehäuse entfernen und in Würfel schneiden. Die Chilischote fein hacken. Zwiebeln, Knoblauch und Stachelbeeren in etwas Öl anschwitzen. Äpfel, Salz, Zucker, Chilischote und Essig dazugeben und alles etwa eine Stunde lang breiig einkochen, dabei auch gelegentlich umrühren. Das fertige Chutney in Einmachgläser abfüllen und dann fest verschließen. Die Gläser abschließend kühl und dunkel lagern, dann hält es mehrere Monate.

Raffiniert Chutney I Saucen, Suppen & Co.

Stachelbeerchutney mit Cashewkernen

Zutaten

750 g Stachelbeeren
100 g Schalotten (gehackt)
150 g Ananas (fein gewürfelt)
4 Knoblauchzehen (gehackt)
50 g frischer Ingwer (fein gewürfelt)
2 Sternanis, 1 EL Currypulver
1 Chilischote mit Kernen (gehackt)
50 g Rohrzucker
Schalen von 2 Orangen (gehackt)
100 g Cashewkerne (geröstet und gehackt)
½ Bund frischer Koriander (gehackt)
2 EL dunkles Sesamöl
50 g Honig, 100 ml Orangensaft
100 g Zucker, 100 ml Essig
Zutaten ergeben rund 1,2 kg Chutney.

Zubereitung

Stachelbeeren putzen. Rohrzucker in einem großen Topf schmelzen. Beeren, Ananas, Schalotten, Sesamöl und Ingwer zugeben und karamellisieren. Mit Orangensaft ablöschen und restliche Zutaten (bis auf Cashewkerne, Orangenschale und Koriander) zugeben. Etwa eine Stunde lang dickflüssig einkochen. Nach dem Abkühlen Sternanis herausnehmen und Cashewkerne, Orangenschale und Koriander zugeben. In Gläser abfüllen und fest verschließen.

Olaf Kranz

Saucen, Suppen & Co. | Gemüsesuppe

Einfach

Geeiste Gurkensuppe mit saurer Sahne

Zutaten

2 Gurken
10 ml Essig
1 kleine Zwiebel
100 ml saure Sahne
100 ml Hühner- oder Gemüsebrühe
2 Scheiben Toastbrot
2 Knoblauchzehen
50 ml Olivenöl
(oder 50 ml Bärlauchpesto)
100 g Butter
Salz
Pfeffer
Muskatnuss

Zubereitung

Die Gurken gründlich waschen und ungeschält in Würfel schneiden, Zwiebel schälen und hacken. Zusammen mit der Brühe mit dem Pürierstab pürieren und durch ein Sieb passieren. Anschließend die saure Sahne dazugeben und mit Salz, Pfeffer und Muskat abschmecken. Die Suppe in den Kühlschrank stellen. Mit einer Plätzchenform vier Sterne aus den Toastbrotscheiben ausstechen. Die Knoblauchzehen schälen, zerdrücken und mit dem Olivenöl verrühren, zusammen mit der Butter erhitzen und die Brot-Sterne darin goldgelb ausbacken. Vor dem Servieren auf die Suppe setzen.

Raffiniert

Kalter Gurkencappuccino mit Fleurons-Stern

Zutaten

2 EL Honig
2 Gurken, 1 Knoblauchzehe
100 ml Hühner- oder Gemüsebrühe
10 ml Balsamico-Essig, Salz, Pfeffer
150 g Blätterteig (Tiefkühl)
80 g Lammhack für die Füllung
1 Eigelb
8 Kapuzinerkresseblüten
100 ml Milch

Zubereitung

Die Gurken gründlich waschen und ungeschält in Würfel schneiden. Knoblauchzehe schälen und fein hacken. Brühe, Honig und Essig dazugeben und pürieren, durch ein Sieb passieren und mit Salz und Pfeffer abschmecken. Die Suppe in den Kühlschrank stellen.
Für die Fleurons (Blätterteigplätzchen) aus der Blätterteigplatte acht Sterne ausstechen, mit Eigelb bestreichen, einen Klecks Lammhack darauf setzen, den zweiten Stern darüber legen, an den Seiten andrücken und im Ofen bei 180 Grad goldgelb backen. Die Suppe in Teller geben, mit jeweils zwei Sternen und zwei Blüten verzieren. Milch erwärmen (nicht kochen) und aufschäumen. Auf jede Suppen-Portion einen Klecks geschäumte Milch geben.

Saucen, Suppen & Co. I Weißbrot

Einfach

Brot selbst gemacht

Zutaten

30 g frische Hefe
(oder 3 Päckchen Trockenhefe)
1 EL flüssiger Honig
600 ml lauwarmes Wasser
1 kg Weizenmehl Typ 550
30 g Salz
Mehl zum Bestäuben

Bevor es losgeht, die Hefe in etwas lauwarmes Wasser bröseln und auflösen. Hefe ist ziemlich empfindlich, deshalb darf das Wasser auf keinen Fall zu heiß sein.

Zubereitung

Mehl und Salz in eine Schüssel geben, eine kleine Mulde eindrücken. In Wasser aufgelöste Hefe in die Mulde geben und vorsichtig verrühren. Nach und nach das restliche Wasser und den Honig dazugeben. Verrühren, dann den Teig zu einer glatten Masse kneten. Mit einem Tuch abdecken, an einem warmen Ort ruhen lassen, bis sich der Teig ungefähr verdoppelt hat. Den Teig auf eine bemehlte Arbeitsfläche geben, in gleich große Stücke teilen und mit dem Handballen die Luft rauskneten. Im Anschluss zu einer Baguette-Form rollen, oben mit dem Messer etwas einritzen, mit Mehl bestäuben und auf einem geölten Blech etwa 35 Minuten bei 200 Grad backen.

Uwe Haufe

Gefülltes Brot

Zutaten

30 g frische Hefe
(oder 3 Päckchen Trockenhefe)
1 EL flüssiger Honig
600 ml lauwarmes Wasser
1 kg Weizenmehl Typ 550
30 g Salz
Mehl zum Bestäuben
200 g sonnengetrocknete Tomaten
1 Bund Basilikum
2 kleine Mozzarella in Würfeln
4 EL Olivenöl
Meersalz, gemahlener Pfeffer

Zubereitung

Den Teig nach dem Grundrezept zubereiten (siehe Seite 142). Auf eine bemehlte Arbeitsfläche geben, in gleich große Stücke teilen und mit dem Handballen die Luft rauskneten. Anschließend den Teig etwa 1 cm dick ausrollen, die getrockneten Tomaten, das Basilikum und die Mozzarella-Würfel in den Teig drücken. Etwas Pfeffer und Olivenöl darüber geben. Dann den Teig fest einrollen, oben mit dem Messer einritzen, mit Mehl bestäuben und auf einem geölten Blech bei 200 Grad etwa 35 Minuten im Ofen backen. Um zu testen, ob das Brot fertig ist, leicht auf die Unterseite klopfen. Klingt es hohl, kann das Brot aus der Backröhre genommen werden.

Saucen, Suppen & Co. | Eier

Einfach

Gefüllte Omelette

Zutaten

320 g Chorizo (oder Knacker)
80 g rote Zwiebeln
100 g getrocknete Tomaten
12 Eier
1 Schuss Sahne
1 sehr reife Avocado
Zitronensaft
1 Tomate (gehäutet und gewürfelt)
Salz, weißer Pfeffer
Öl zum Braten

Zubereitung

Eier und Sahne verquirlen, leicht salzen und pfeffern. Die Masse in eine leicht geölte Pfanne geben (bei Teflonpfannen möglichst kein Öl verwenden) und stocken lassen. Chorizo in Scheiben schneiden, Zwiebel in Würfel schneiden, falls die getrockneten Tomaten in Öl eingelegt sind, gut abtropfen. Wurst, Zwiebeln und Tomate anbraten. Da die Chorizos sehr fett sind, alles gut abtropfen lassen. Die Füllung auf die eine Hälfte des Omelettes geben, zusammenklappen und auf einen erwärmten Teller geben. Für die Guacamole die Avocado schälen, Kern entfernen und pürieren. Mit Salz, Pfeffer und Zitrone abschmecken, am Schluss die Tomatenwürfel dazugeben. Mit der Omelette servieren.

Jan Wenzel

Raffiniert Eier | Saucen, Suppen & Co.

Früchtegratin in Pistazien-Sabayon

Zutaten

8 Eigelb
8 cl Weißwein
1 Prise Zucker
Schale einer unbehandelten Zitrone
20 g gehackte Pistazien
400 g gemischtes Obst nach Belieben
(frisch oder tiefgekühlt, zum Beispiel
Erdbeeren, Himbeeren, Brombeeren,
Johannisbeeren)
Grand Marnier zum Marinieren

Zubereitung

Die Früchte waschen und putzen, mit Grand Marnier beträufeln und etwas ziehen lassen. Eigelb und Weißwein im Wasserbad schaumig schlagen. Zucker, gehackte Pistazien und Zitronenschale dazugeben. Langsam weiter aufschlagen, dabei darauf achten, dass die Masse nicht zu stark erhitzt wird, eventuell zwischendurch vom Herd nehmen. Die marinierten Früchte in feuerfeste Schälchen füllen, mit der Sabayon begießen und im vorgeheizten Ofen bei 180 Grad zwei Minuten goldgelb überbacken. Mit frischen Früchten garnieren und heiß servieren.

Jan Wenzel

Saucen, Suppen & Co. I Schafskäse

Schafsquark mit Kräutern

Zutaten

125 g Schafskäse
125 g Magerquark (abgehängt)
1 Becher Hüttenkäse
je ein Stück Gurke und Zucchini
1 Bund Dill (fein gehackt)
50 g Zwiebeln (fein geschnitten)
250 ml Sahne
12 Blatt Gelatine
Salz
Pfeffer
Zucker

Zubereitung

Schafskäse fein reiben und in eine Schüssel geben, Hüttenkäse und Quark dazugeben. Die Gurke schälen, entkernen, dann die Gurke und Zucchini in kleine Würfel schneiden, in ein Sieb geben und mit kochendem Wasser übergießen. Mit einem Tuch das Wasser auspressen, Gemüse zu der Masse geben. Die Zwiebeln glasig anschwitzen, mit der Sahne ablöschen, darin die eingeweichte Gelatine auflösen und zu der Masse geben. Dill dazugeben und alles gut vermischen, abschmecken. Die Masse in kleine Kaffeetassen füllen und kalt stellen. Kurz vor dem Servieren die Tassen mit heißem Wasser überspülen und den Schafsquark auf Teller stürzen.

Raffiniert Schafskäse I Saucen, Suppen & Co.

Gefüllte Auberginenrolle

Zutaten

250 g Magerquark (abgehängt)
250 g geriebener Schafskäse
80 g Oliven (fein gehackt)
2 EL Olivenöl, Salz, Pfeffer, Zucker
3 Auberginen, Salate nach Wahl
50 ml Balsamico-Essig, 100 ml Olivenöl
50 g geröstete Pinienkerne
ein paar fein gehackte Rosmarinspitzen

Zubereitung

Für die Füllung Quark, Käse, Oliven und Öl vermischen und abschmecken. Die Auberginen längs in 5 mm dünne Scheiben schneiden. Mit Salz bestreuen und etwa eine halbe Stunde stehen lassen (das Salz entzieht die Bitterstoffe). Mit kaltem Wasser abspülen, trocken tupfen. Mit Olivenöl bestreichen und in einer Grillpfanne braten. Die Scheiben gerade zuschneiden, auf Klarsichtfolie eine Reihe längs und eine Reihe quer legen. Die Käsemasse darauf ausstreichen. Mit Hilfe der Folie vorsichtig zu einer Rolle zusammenschlagen. Mit einer Lage Alufolie verstärken und im Kühlschrank kalt stellen. Nach zwei Stunden die Rolle auspacken und in Stücke schneiden. Den Salat putzen. Balsamico, Olivenöl, Pinienkerne und Rosmarinspitzen für das Dressing mischen, den Salat damit beträufeln und alles auf einem Teller anrichten.

Henrik Groß

Dessert

Desserts I Creme

Mohnmousse mit Ananas

Zutaten

50 g gemahlener Mohn
100 ml Rotwein
200 g weiße Kuvertüre
1 Ei, 1 Eigelb
2,5 Blatt Gelatine
500 ml Sahne, 1 Ananas
500 ml Orangensaft
400 g Zucker, 1 Vanilleschote
1 Sternanis, ½ Zimtstange
2 Nelken

Zubereitung

Mohn mit Rotwein kochen, bis die Flüssigkeit komplett eingekocht ist. Kuvertüre klein schneiden, im Wasserbad schmelzen, Mohn unterrühren. Ei und Eigelb im Wasserbad schaumig rühren, eingeweichte Gelatine darin auflösen. Vom Herd nehmen und kalt rühren, dann die Kuvertüre-Mohn-Masse dazugeben, weiter rühren und geschlagene Sahne unterheben. In eine saubere Schüssel umfüllen und zwei Stunden in den Kühlschrank stellen. Ananas putzen, in Ringfinger dicke Scheiben schneiden, kurz grillen oder braten. Orangensaft mit allen restlichen Zutaten und der Ananasschale zu Sirup einkochen, durch ein feines Sieb geben, über das Obst träufeln und 24 Stunden im Kühlschrank marinieren.

Geeistes Mokkasoufflé im Baumkuchenmantel

Zutaten

210 g Zucker, 4 Eigelb
125 ml gesüßter Espresso
2 cl Sambuca, 2 Eiweiß
180 ml Sahne
130 g Butter, 40 g Puderzucker,
1 Vanilleschote, 1 Zitrone (Abrieb)
1,5 g gemahlener Kardamom, 1 Prise Salz,
6 Eier, 75 g Marzipan, 62 g Mehl
62 g Weizenstärke

Zubereitung

75 g Zucker und Eigelb im Wasserbad schaumig rühren, kalten Espresso und Sambuca dazugeben, kalt schlagen. Eiweiß mit 50 g Zucker zu Eischnee schlagen, Sahne schlagen, beides unterheben. Für den Teig Butter, Puderzucker, Salz, Zitronenabrieb, Kardamom und Vanillemark schaumig schlagen. Die Eier trennen, ein Eigelb nach dem andern mit dem Marzipan verrühren, dazugeben. Eiweiß und restlichen Zucker zu Eischnee schlagen, ebenfalls dazugeben. Stärke und Mehl sieben, mit der Teigmasse vermischen. Pfanne mit Butter einreiben, dünne Teigschicht einfüllen, im geöffneten Ofen bei Oberhitze backen. Wiederholen, bis der Teig verbraucht ist. Scheiben schichten, kalt stellen. Teig dünn schneiden, Förmchen damit auslegen, Mokkamasse einfüllen. 4 Stunden tiefkühlen.

Henrik Groß

Desserts | Crêpes

Einfach

Crêpes aus der Pfanne

Zutaten

70 g Mehl
150 ml Milch
2-3 Eier
10 g Puderzucker
20 g Butter
abgeriebene Zitronen- und
Orangenschale (unbehandelt)

Zubereitung

Das Mehl und die Milch in eine Schüssel geben und mit einem Schneebesen glatt rühren. Eier aufschlagen und mit Puderzucker, abgeriebener Zitronen- und Orangenschale in die Schüssel geben und unterrühren. Butter in einer Pfanne langsam erwärmen. Flüssige Butter zu den übrigen Zutaten geben und verrühren. Den Teig eine Weile gehen lassen.
Mit einer Kelle etwas Teig abschöpfen und ganz dünn in eine kleine Crêpe-Pfanne (12 cm Durchmesser) fließen lassen (geht am besten, wenn man die Pfanne etwas schräg hält). Bei mittlerer Hitze mit wenig Butter zu dünnen Crêpes backen. Vorsichtig wenden, damit das Gebäck von beiden Seiten goldgelb wird. Serviert wird das Crêpe als Rolle oder Quadrat – gefüllt beispielsweise mit Apfelmus, Eis oder bestreut mit Zimt oder Zucker.

Olaf Wendt

Crêpes Suzette

Zutaten

70 g Mehl, 150 ml Milch, 2-3 Eier
10 g Puderzucker, 20 g Butter
abgeriebene Zitronen- und
Orangenschale (unbehandelt)
60 g Zucker, 60 g Butter
200 ml Orangensaft
Zitronensaft
2 El Grand Marnier
Weinbrand
Vanille- oder Stracciatella-Eis
Erdbeeren, Minze, Kakaopulver

Zubereitung

Zuerst die Crêpes backen (siehe Seite 152). Dann in einer Pfanne den Zucker schmelzen lassen, bis der eine goldgelbe Farbe annimmt (karamellisieren). Danach gibt man die 60 g Butter zu und lässt sie aufschäumen, nun löscht man das Ganze mit dem Orangensaft und einem Spritzer Zitrone ab. Etwas reduzieren lassen und den Grand Marnier zugeben. Die Crêpes zu Vierteln falten und in der Pfanne mit der Soße wenden. Danach den Weinbrand entzünden und über die Crêpes geben. Während des Flambierens die Crêpes mit der Soße begießen. Die Crêpes mit der Soße auf dem Servierteller mit Vanille- oder Stracciatella-Eis anrichten. Bevor das Essen auf den Tisch kommt, mit Erdbeeren, frischer Minze oder etwas Kakaopulver garnieren.

Desserts I Muffins — **Einfach**

Muffins mit Früchten

Zutaten

175 g Mehl
1 TL Backpulver
1 Prise Natron
1 Prise Salz
6 EL Zucker
1 Ei
125 ml Milch
3 EL zerlassene Butter
Je nach Belieben können verschiedene Früchte hinzugefügt werden, zum Beispiel Blaubeeren, Erdbeeren, aber auch Orangen.

Mengen ergeben etwa 12 Muffins.

Zubereitung

Mehl, Zucker, Salz, Natron und Backpulver in eine Schüssel geben. Das Ei mit einem Schneebesen aufschlagen, Milch und zerlassene Butter dazugeben. Nun die flüssigen Zutaten in das Mehlgemisch geben und gut vermischen.
Obst putzen, waschen und eventuell in Würfel schneiden. Beeren, zum Beispiel Blaubeeren, kann man auch als ganze Früchte dazugeben. Den fertigen Teig in eine Muffinform (oder einen Metallring bzw. eine feuerfeste kleine Tasse) geben. Ofen vorheizen und die Muffins bei 180 Grad etwa 15 bis 20 Minuten backen.

Jörg Mergner

Rosmarin-Muffins mit Kalbsfilet

Zutaten

175 g Mehl, 1 TL Backpulver
1 Prise Natron, 1 TL Salz
1 Prise Zucker, 1 Ei, 125 ml Milch
3 EL zerlassene Butter
2 TL gehackter Rosmarin
300 g Zucchini, 300 g Paprika
einige Blätter Rucolasalat,
1 Knoblauchzehe, 350 ml Olivenöl
je 1 ½ Zweige Rosmarin und Thymian
600 g Kalbsfilet, Rosmarin zum Garnieren

Mengen ergeben etwa 12 Muffins.

Zubereitung

Mehl, Salz, Zucker, Backpulver, Natron und gehackten Rosmarin in eine Schüssel geben, Teig wie auf Seite 154 beschrieben zubereiten und backen. Abkühlen lassen. Gemüse in Scheiben schneiden, grillen. Olivenöl auf 80 Grad erwärmen, Kräuter und zerdrückte Knoblauchzehe dazugeben, etwas ziehen lassen, Gemüse mit dem Öl beträufeln. Kalbsfilet scharf anbraten, bei niedriger Temperatur einige Minuten weiterbraten, etwas ruhen lassen und in 12 Scheiben schneiden. Muffins halbieren. Die untere Hälfte mit etwas Gemüse und einer Scheibe Fleisch belegen, die obere Hälfte daraufsetzen und mit einem Rosmarinzweig verzieren. Mit dem restlichen Gemüse und den Rucolablättern servieren.

Desserts | Gebäck

Einfach

Gefüllte Bärentatzen

Zutaten

525 g Butter
200 g Puderzucker
2 Eier
25 g Stärke
450 g Mehl
50 g Kakao
75 g Zartbitter-Kuvertüre
50 g Vollmilch-Kuvertüre
70 ml Sahne
weiße Schokolade oder
Glasur zum Verzieren

Zubereitung

500g Butter, Puderzucker, Stärke und Kakao zu einer glatten Masse verrühren, Mehl einsieben, die Eier dazugeben und zu einem Teig verarbeiten. Den Teig mit Hilfe eines Dressiersacks und einer Sterntülle tropfenweise auf ein Backblech spritzen und im vorgeheizten Ofen bei 220 Grad etwa 10 Minuten backen.
Für die Füllung Kuvertüre im Wasserbad schmelzen, Sahne aufkochen und mit der Kuvertüre mischen, restliche Butter dazugeben und alles glatt rühren. Die eine Hälfte der Plätzchen mit der Füllung bestreichen, dann jeweils ein Plätzchen als Deckel daraufsetzen. Nach Belieben mit weißer Schokolade oder einer Glasur verzieren.

Jörg Mergner

Raffiniert

Gebäck I Desserts

Feine Trüffelwürfel mit Schokoladenglasur

Zutaten

150 g Zartbitter-Kuvertüre, 100 g Butter
3 Eier, 75 g Zucker, Prise Salz
50 g Mehl, 1 TL Backpulver
30 g Mandelgrieß
50 g Vollmilch-Kuvertüre, 70 ml Sahne,
1 Chilischote
2 El Crème de Cacao, 2 El Orangensaft
Schokoglasur und -späne zum Verzieren

Zubereitung

75 g Zartbitter-Kuvertüre mit 75 g Butter schmelzen, Eigelb mit 25 g Zucker cremig schlagen, Eiweiß mit Salz und restlichem Zucker steif schlagen. Kuvertüreansatz unter das Eigelb geben, Eischnee vorsichtig unterheben, Mehl, Grieß und Backpulver zugeben, alles verrühren. Kuchenblech mit Backpapier auslegen, Teigmasse darauf verteilen, bei 170 Grad etwa 10 Minuten backen, abkühlen lassen. Teigboden in vier gleich große Rechtecke schneiden, drei davon mit Crème de Cacao und Orangensaft beträufeln.
Für die Füllung restliche Zartbitter- und Vollmilch-Kuvertüre im Wasserbad schmelzen und Sahne mit der Chilischote aufkochen (Chilischote danach entfernen). Die drei Rechtecke damit bestreichen, übereinander schichten. Das vierte Rechteck draufsetzen. Mit Schokoglasur übergießen, mit Schokospänen dekorieren.

Jörg Mergner

Desserts | Plätzchen

Hausgemachte Mürbeteigplätzchen

Zutaten

150 g Mehl
100 g Butter
50 g Zucker
1 Ei
Vanillezucker
Zitrone
Puderzucker
Wasser
Zartbitter-Kuvertüre

Zubereitung

Für den Teig das Mehl in eine Schüssel geben, Butterstückchen, Zucker, das Ei sowie etwas Vanillezucker und Zitrone hinzufügen und mit dem Knethaken eines Handrührgerätes (oder mit der Hand) zu einem glatten Teig verarbeiten. Ein Brett oder die Arbeitsplatte mit Mehl bestäuben und den Teig mit einem Nudelholz gleichmäßig auswalzen, dann mit verschiedenen Plätzchenformen ausstechen. Ein Backblech mit Backpapier auslegen, die Plätzchen vorsichtig darauflegen und im vorgeheizten Backofen bei 180 Grad etwa zehn Minuten backen. Anschließend die Plätzchen abkühlen lassen.
Puderzucker mit Zitronensaft und Wasser zu einer flüssigen Masse verrühren, die abgekühlten Plätzchen mit der Glasur überziehen. Für eine Schokoglasur einen Block Kuvertüre im Wasserbad schmelzen und die Plätzchen verzieren.

Raffiniert Plätzchen I Desserts

Verzierte Plätzchen mit Marzipanfüllung

Zutaten

50 g Mehl
100 g Butter
50 g Zucker
1 Ei, Vanille, Zitrone
100 g Marzipanrohmasse
50 g Pistazienkerne (fein gemahlen)
100 g Amaretto
kandierte Früchte oder Konfitüre nach Wahl zur Verzierung
Puderzucker, Zitrone, Wasser
Zartbitter-Kuvertüre

Zubereitung

Die Zutaten für den Mürbeteig, wie auf Seite 158 beschrieben, zu einem glatten Teig verarbeiten und auf einem bemehlten Brett auswalzen. Je zwei gleiche Formen ausstechen, in je eine davon mit einem Messer ein kleines, rundes Loch schneiden. Für die Füllung Marzipanmasse leicht kneten, mit Pistazienkernen und Amaretto vermischen, die Plätzchen damit bestreichen. Dann den Deckel (das zweite Plätzchen) mit dem ausgeschnittenen Loch aufsetzen. Die „Doppel-Decker" auf einem Blech bei 180 Grad etwa zehn Minuten im Ofen backen. Nach der Backzeit Plätzchen abkühlen lassen und mit Zitronen- oder Schokoglasur überziehen. In die Vertiefung Konfitüre oder kandierte Früchte füllen.

Jörg Mergner

Register — Köche

Bartkowiak, Holger
Crêpinette von der Ente mit Gänsetopfleber und Bollenpiepen (H)   39
Gebratene Entenbrust auf Linsen mit Lavendel (H)   38

Bellon, Jean-Luc
Cassoulet vom Perlhuhn (H)   34
Perlhuhnsuprême in einer Trüffel-Gemüse-Soße (H)   35

Brüning, Klaus-Dieter
Blütensalat mit Kräuter-Lammfilet (V)   67
Frische Pflaumen mit Süssholzparfait (D)   119
Gebackene Akazienblüten (V)   66
Speckpflaumen mit Entenbrust (H)   118
Steak mit Ingwerbutter (H)   82
Süß-pikantes Parfait von Ingwerhonig (D)   83

Bubolz, Thorsten
Fruchtige Orangen-Vinaigrette (S)   136
Graupenrisotto mit Brunnenkresse (V)   110
Graupen Wan-Tan mit Ananas und Pinienkernen (H)   111
Kürbiskraut mit gebratenem Zanderfilet (H)   95
Kürbissuppe mit Rauchlachs und Dillsahne (V)   94
Mandel-Erdbeerkuchen mit Basilikumpesto (D)   121
Schokolierte Erdbeer-Ananasspieße (D)   120
Sellerie-Reibekuchen mit Rauchlachs (H)   98
Sellerie-Schaum mit Apfel-Hirschspieß (V)   99
Tomatige Pinienkern-Vinaigrette (S)   137

V = Vorspeise   H = Hauptspeise   D = Dessert   S = Sauce

Köche — Register

Clauss, Vincent
Feldsalat mit Speck-Kartoffel-Dressing (V) 60
Hirsch mit Salat und Preiselbeerdressing (H) 61
Kaninchenrücken mit karamellisiertem Knoblauch (H) 85
Knoblauchrahmsuppe (V) 84
Matjes in Variationen (H) 47
Matjes nach Hausfrauenart (H) 46

Dippmann, Margit
Dorade mit Safranlinguine und Zitronenschaum (H) 125
Garnelen in Tempurateig und Parmaschinken mit farbenprächtigen Soßen (H) 55
Gebratene Riesengarnelen mit Tomatenrose (H) 54
Kaninchencrêpinette mit Gnocchi (H) 27
Kaninchenkeule mit Semmelknödeln (H) 26
Zander mit Zitronensoße (H) 124

Ehle, Karl-Heinz
Pikantes Kartoffel-Gemüseküchlein (D) 80
Süßes Kartoffel-Beerenküchlein (D) 81

Groß, Henrik
Geeistes Mokkasoufflé im Baumkuchenmantel (D) 151
Gefüllte Auberginenrolle (V) 147
Gegrillter Lachs (H) 44
Geräucherter Schwertfisch von Grill mit Gucamole (H) 45
Mohnmousse mit Ananas (D) 150
Schafsquark mit Kräutern (V) 146

Hinweis: Alle Rezepte für jeweils 4 Personen.

Register — Köche

Haufe, Uwe

Brot selbst gemacht (V) 142

Crostini mit Thunfisch (V) 50

Gefülltes Brot (H) 143

Gepfeffertes Rinderfilet mit geschmorten Chicorrée (H) 21

Orangen-Risotto (H) 123

Orangensalat (V) 122

Rhabarber-Rucola-Salat (V) 63

Rindersteak-Kebab mit mediterranem Gemüse (H) 20

Rucola-Salat mit Pinienkernen (V) 62

Thunfisch mit Rote-Bete-Kürbissalat (V) 51

Hermann, Stefan

Bärlauchrisotto (H) 87

Brot mit Bärlauchbutter (V) 86

Entenleberravioli mit Pastinakenpüree (H) 79

Glasierte Maronen (V) 112

Maronen-Rahmsüppchen (V) 113

Pastinaken-Rahmsuppe (V) 78

Kranz, Olaf

Asiatischer Schwarzwurzel-Salat mit gegrilltem Thunfisch (V) 77

Auberginen-Parmesanfeuillete (V) 91

Auberginen-Schafskäse-Röllchen (V) 90

Fasanenbrust im Speckmantel (H) 40

Feines Garnelenbonbon (H) 57

Focaccia mit Rosmarin (D) 109

Garnelen im Speckmantel (H) 56

V = Vorspeise   H = Hauptspeise   D = Dessert   S = Sauce

Köche

Gefüllte Fasanenbrust mit Nougat-Chili-Sauce (H)   41
Kleine Rosmarinbrötchen (V)   108
Quiche mit Kürbis und Parmesan (V)   96
Rhabarber-Erdbeerpolenta mit Balsamico-Honigsirup (D)   129
Rhabarber-Ricottagratin mit Amarettini (D)   128
Schwarzwurzel-Gratin mit Schinken und getrockneten Tomaten (H)   76
Stachelbeerchutney mit Cashewkernen (S)   139
Stachelbeerchutney mit Knoblauch (S)   138
Tiramisu aus Kürbis und Orangen (D)   97

Mergner, Jörg

Feine Trüffelwürfel mit Schokoladenglasur (D)   157
Gebratenes Steinbuttfilet unter der Steinpilzkruste (H)   103
Gefüllte Bärentatzen (D)   156
Hausgemachte Mürbeteigplätzchen (D)   158
Muffins mit Früchten (D)   154
Petersfisch mit Spargel und Bellota-Schinken (H)   107
Rosmarin-Muffins mit Kalbsfilet (D)   155
Salat von grünem Spargel und Orange (V)   106
Spargelcharteuse mit Hummer und feiner Creme (H)   105
Spargel mit Sauce Hollandaise und Schinken (H)   104
Steinpilz-Crostini mit Spänen vom Parmesan (V)   102
Verzierte Plätzchen mit Marzipanfüllung (D)   159

Ollhoff, Frank

Gänsekeule mit Kartoffelgratin (H)   36
Geeiste Gurkensuppe mit saurer Sahne (D)   140

Hinweis: Alle Rezepte für jeweils 4 Personen.

Register — Köche

Hühnerbrust mit Oliven (H)   100

Kalter Gurkencappucino mit Fleurons-Stern (V)   141

Oliven-Sahneeis mit Latte Macchiato (D)   101

Rotkraut mit Rinderfilet (H)   70

Rotkrautsorbet mit Gänsebrust (V)   71

Salat von lauwarmer Gänsebrust (V)   37

Pattis, Mario

Kirschen in Variationen (D)   117

Lammcarré mit Rosmarinkartoffeln und gegrilltem Gemüse (H)   24

Meeresfrüchte mit Sauerampferpesto (H)   65

Rote Grütze von Kirschen (D)   116

Sauerampfersüppchen (V)   64

Karamellisierte Lammleberterrine (H)   25

Renaud, Jean-Luc

Crème mit Rote Beete Ragout und Kartoffelsorbet (D)   75

Fischpastete mit Calamar und schwarzer Soße (H)   53

Gebackene Tintenfischringe (H)   52

Kabeljau-Kartoffel-Eintopf mit frischem Blattsalat (H)   48

Mille-Feuille vom Kabeljau mit Wirsing und Balsamico (H)   49

Süß-saftige Karottentorte (D)   74

Schubert, Mandy

Rehmedaillons mit Gemüse (H)   28

Rehrücken mit Preiselbeercrêpes (H)   29

V = Vorspeise   H = Hauptspeise   D = Dessert   S = Sauce

Köche

Wende, Dirk

- Feine Safransoße mit Tomatenfilets (S) 135
- Fischsoße auf die einfache Art (S) 134
- Gratinierte Mango mit Joghurt und Honig (D) 127
- Grundjus für alle Fälle (S) 132
- Hähnchenbrust mit Nudeln und Pfifferlingen (H) 32
- Kartoffelspargelrösti mit Waldmeistersoße (H) 68
- Lamm mit Schalotten-Rosmarin-Jus (H) 133
- Linsensuppe (V) 88
- Maispoulardenbrust mit Riesengarnelen (H) 33
- Mangosuppe mit Chili (V) 126
- Roter Linsensalat mit Hähnchenbrust (V) 89
- Waldmeisterflan mit Papaya und Rotwein-Soße (D) 69
- Wirsing-Roulade (H) 73
- Wirsing-Schmortopf (H) 72

Wendt, Olaf

- Crêpes aus der Pfanne (D) 152
- Crêpes Suzette (D) 153
- Flambiertes Chateaubriand auf Burgunderjus (H) 23
- Rindslendenbraten auf Waldpilzsoße (H) 22

Wenzel, Jan

- Früchtegratin in Pistazien-Sabayon (D) 145
- Gefüllte Omelette (H) 144
- Lammfilet mit grünen und gelben Zucchini (H) 93
- Überbackene Zucchini (V) 92

Hinweis: Alle Rezepte für jeweils 4 Personen.

Register — Zutaten

Aubergine

Auberginen-Parmesanfeuillete (V)   91

Auberginen-Schafskäse-Röllchen (V)   90

Bärlauch

Bärlauchrisotto (H)   87

Brot mit Bärlauchbutter (V)   86

Blüten

Blütensalat mit Kräuter-Lammfilet (V)   67

Gebackene Akazienblüten (V)   66

Dorade

Feine Safransoße mit Tomatenfilets (S)   135

Fischsoße auf die einfache Art (S)   134

Eier

Crêpes aus der Pfanne (D)   152

Crêpes Suzette (D)   153

Früchtegratin in Pistazien-Sabayon (D)   145

Geeistes Mokkasoufflé im Baumkuchenmantel (D)   151

Gefüllte Omelette (H)   144

Mohnmousse mit Ananas (D)   150

Ente

Crêpinette von der Ente mit Gänsestopfleber und Bollenpiepen (H)   39

Gebratene Entenbrust auf Linsen mit Lavendel (H)   38

V = Vorspeise   H = Hauptspeise   D = Dessert   S = Sauce

Zutaten — Register

Erdbeeren
Mandel-Erdbeerkuchen mit Basilikumpesto (D)   121
Muffins mit Früchten (D)   154
Schokolierte Erdbeer-Ananasspieße (D)   120

Fasan
Fasanenbrust im Speckmantel (H)   40
Gefüllte Fasanenbrust mit Nougat-Chili-Sauce (H)   41

Feldsalat
Feldsalat mit Speck-Kartoffel-Dressing (V)   60
Hirsch mit Salat und Preiselbeerdressing (H)   61

Gans
Gänsekeule mit Kartoffelgratin (H)   36
Salat von lauwarmer Gänsebrust (V)   37

Garnelen
Feines Garnelenbonbon (H)   57
Garnelen im Speckmantel (H)   56
Garnelen in Tempurateig und Parmaschinken mit farbenprächtigen Soßen (H)   55
Gebratene Riesengarnelen mit Tomatenrose (H)   54

Graupen
Graupenrisotto mit Brunnenkresse (V)   110
Graupen Wan-Tan mit Ananas und Pinienkernen (H)   111

Hinweis: Alle Rezepte für jeweils 4 Personen.

Register — Zutaten

Gurke
Geeiste Gurkensuppe mit saurer Sahne (V)   140
Kalter Gurkencappucino mit Fleurons-Stern (V)   141

Ingwer
Steak mit Ingwerbutter (H)   82
Süß-pikantes Parfait von Ingwerhonig (D)   83

Kabeljau
Kabeljau-Kartoffel-Eintopf mit frischem Blattsalat (H)   48
Mille-Feuille vom Kabeljau mit Wirsing und Balsamico (H)   49

Kalb
Grundjus für alle Fälle (S)   132
Rosmarin-Muffins mit Kalbsfilet (D)   155

Kaninchen
Kaninchenkeule mit Semmelknödeln (H)   26
Kaninchencrêpinette mit Gnocchi (H)   27

Karotten
Crème mit Rote Beete Ragout und Kartoffelsorbet (D)   75
Süß-saftige Karottentorte (D)   74

Kartoffeln
Pikantes Kartoffel-Gemüseküchlein (D)   80
Süßes Kartoffel-Beerenküchlein (D)   81

Kirschen
Kirschen in Variationen (D)   117
Rote Grütze von Kirschen (D)   116

V = Vorspeise   H = Hauptspeise   D = Dessert   S = Sauce

Zutaten — Register

Knoblauch
Kaninchenrücken mit karamellisiertem Knoblauch (H)   85
Knoblauchrahmsuppe (V)   84

Kürbis
Kürbiskraut mit gebratenem Zanderfilet (H)   95
Kürbissuppe mit Rauchlachs und Dillsahne (V)   94
Quiche mit Kürbis und Parmesan (V)   96
Tiramisu aus Kürbis und Orangen (D)   97

Kuvertüre
Feine Trüffelwürfel mit Schokoladenglasur (D)   157
Gefüllte Bärentatzen (D)   156
Hausgemachte Mürbeteigplätzchen (D)   158
Verzierte Plätzchen mit Marzipanfüllung (D)   159

Lachs
Gegrillter Lachs (H)   44

Lamm
Karamellisierte Lammleberterrine (H)   25
Lammcarré mit Rosmarinkartoffeln und gegrilltem Gemüse (H)   24
Lamm mit Schalotten-Rosmarin-Jus (H)   133

Linsen
Linsensuppe (V)   88
Roter Linsensalat mit Hähnchenbrust (V)   89

Maispoularde
Hähnchenbrust mit Nudeln und Pfifferlingen (H)   32
Maispoulardenbrust mit Riesengarnelen (H)   33

Hinweis: Alle Rezepte für jeweils 4 Personen.

Register — Zutaten

Mango
Gratinierte Mango mit Joghurt und Honig (D)   127
Mangosuppe mit Chili (V)   126

Maronen
Glasierte Maronen (V)   112
Maronen-Rahmsüppchen (V)   113

Matjes
Matjes in Variationen (H)   47
Matjes nach Hausfrauenart (H)   46

Oliven
Hühnerbrust mit Oliven (H)   100
Oliven-Sahneeis mit Latte Macchiato (D)   101

Orangen
Orangen-Risotto (H)   123
Orangensalat (V)   122

Pastinake
Entenleberravioli mit Pastinakenpüree (H)   79
Pastinaken-Rahmsuppe (V)   78

Perlhuhn
Cassoulet vom Perlhuhn (H)   34
Perlhuhnsuprême in einer Trüffel-Gemüse-Soße (H)   35

Pflaumen
Frische Pflaumen mit Süssholzparfait (D)   119
Speckpflaumen mit Entenbrust (H)   118

V = Vorspeise   H = Hauptspeise   D = Dessert   S = Sauce

Zutaten — Register

Reh
Rehmedaillons mit Gemüse (H)   28
Rehrücken mit Preiselbeercrêpes (H)   29

Rhabarber
Rhabarber-Erdbeerpolenta mit Balsamico-Honigsirup (D)   129
Rhabarber-Ricottagratin mit Amarettini (D)   128

Rind
Flambiertes Chateaubriand auf Burgunderjus (H)   23
Gepfeffertes Rinderfilet mit geschmorten Chicorrée (H)   21
Rindslendenbraten auf Waldpilzsoße (H)   22
Rindersteak-Kebab mit mediterranem Gemüse (H)   20

Rosmarin
Focaccia mit Rosmarin (D)   109
Kleine Rosmarinbrötchen (V)   108

Rotkraut
Rotkraut mit Rinderfilet (H)   70
Rotkrautsorbet mit Gänsebrust (V)   71

Rucola
Rhabarber-Rucola-Salat (V)   63
Rucola-Salat mit Pinienkernen (V)   62

Sauerampfer
Meeresfrüchte mit Sauerampferpesto (H)   65
Sauerampfersüppchen (V)   64

Hinweis: Alle Rezepte für jeweils 4 Personen.

Register — Zutaten

Schafskäse
Gefüllte Auberginenrolle (V) 147
Schafsquark mit Kräutern (V) 146

Schwarzwurzel
Asiatischer Schwarzwurzel-Salat mit gegrilltem Thunfisch (V) 77
Schwarzwurzel-Gratin mit Schinken und getrockneten Tomaten (H) 76

Schwertfisch
Geräucherter Schwertfisch vom Grill mit Gucamole (H) 45

Sellerie
Sellerie-Reibekuchen mit Rauchlachs (H) 98
Sellerie-Schaum mit Apfel-Hirschspieß (V) 99

Spargel
Petersfisch mit Spargel und Bellota-Schinken (H) 107
Salat von grünem Spargel und Orange (V) 106
Spargelcharteuse mit Hummer und feiner Creme (H) 105
Spargel mit Sauce Hollandaise und Schinken (H) 104

Stachelbeeren
Stachelbeerchutney mit Cashewkernen (S) 139
Stachelbeerchutney mit Knoblauch (S) 138

Steinpilz
Gebratenes Steinbuttfilet unter der Steinpilzkruste (H) 103
Steinpilz-Crostini mit Spänen vom Parmesan (V) 102

V = Vorspeise   H = Hauptspeise   D = Dessert   S = Sauce

Zutaten — Register

Thunfisch
Crostini mit Thunfisch (V) 50
Thunfisch mit Rote-Bete-Kürbissalat (V) 51

Tintenfisch
Fischpastete mit Calamar und schwarzer Soße (H) 53
Gebackene Tintenfischringe (H) 52

Vinaigrette
Fruchtige Orangen-Vinaigrette (S) 136
Tomatige Pinienkern-Vinaigrette (S) 137

Waldmeister
Kartoffelspargelrösti mit Waldmeistersoße (H) 68
Waldmeisterflan mit Papaya und Rotwein-Soße (D) 69

Weißbrot
Brot selbst gemacht (V) 142
Gefülltes Brot (H) 143

Wirsing
Wirsing-Roulade (H) 73
Wirsing-Schmortopf (H) 72

Zitrone
Dorade mit Safranlinguine und Zitronenschaum (H) 125
Zander mit Zitronensoße (H) 124

Zucchini
Lammfilet mit grünen und gelben Zucchini (H) 93
Überbackene Zucchini (V) 92

Hinweis: Alle Rezepte für jeweils 4 Personen.

Außerdem im Verlag erschienen

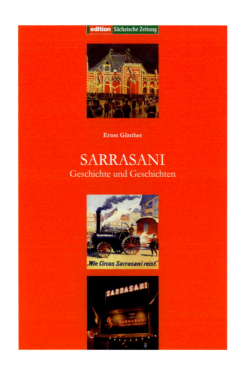

Sarrasani - Geschichte und Geschichten

von Ernst Günther

Hereinspaziert, Damen und Herren!
Blättern Sie, lesen Sie, staunen Sie! Hier eröffnet sich Ihnen die Circuswelt. Das Traumland der Phantasie, das seine Besucher über den Alltag erhebt. Zwischen den Deckeln dieses Buches gefangen ist SARRASANI, der wohl populärste Circus der Welt, der vor hundert Jahren von Dresden auszog um die Welt zu erobern. Hier finden Sie die Geschichte und Geschichten aus der Zauberwelt der Manege in einem Band vereint.

mit zahlreichen Fotos und Illustrationen
256 Seiten, kartoniert, Format: 14 x 21 cm
ISBN 3-938325-15-1
16,90 Euro

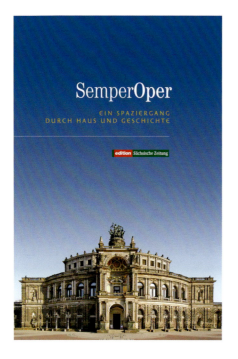

Semperoper – Ein Spaziergang durch Haus und Geschichte

Das Bauwerk zählt zu den schönsten Opernhäusern der Welt. Es ist ein Wahrzeichen der Stadt Dresden und über die Landesgrenzen hinweg für seine Architektur, aber auch für die Qualität der Aufführungen bekannt. In diesem Buch wird nicht nur die Geschichte und die Architektur dieses prachtvoller Oper vorgestellt, sondern ebenso die wichtigsten Sänger und Kapellmeister.
Außerdem runden kleine, äußerst unterhaltsame Episoden, von denen man bisher kaum gehört hat, das reich illustrierte Werk ab.

200 Seiten mit 135 Fotos, gebunden,
Format: 16,5 x 23 cm
ISBN 3-938325-16-X
12,90 Euro

edition Sächsische Zeitung

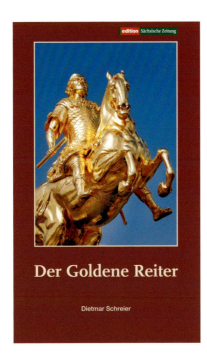

Der Goldene Reiter

von Dietmar Schreier

Das Standbild August des Starken ist eines der bekanntesten Wahrzeichen Dresdens. Glanz und Größe des Goldenen Reiters bieten ein Bild von imposanter Ausstrahlung. Alles zur Geschichte dieses Denkmals, welche schon zu Lebzeiten von August dem Starken mit der drei Jahrzehnte dauernden Planung begann, finden Sie in diesem Buch. Detailgetreu werden auch die technischen Arbeiten bis zur jüngsten Restaurierung geschildert.

mit zahlreichen Fotos
136 Seiten, kartoniert, Format: 12x20cm
ISBN 3-938325-21-6
8,90 Euro

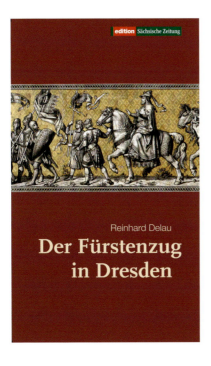

Der Fürstenzug in Dresden

von Reinhard Delau

Der Fürstenzug, das größte Porzellanbild der Welt, zählt zu den bedeutenden Werken, die Sachsens Hauptstadt zieren. Er dokumentiert die tausendjährige Geschichte des Fürstenhauses Wettin ebenso wie die Kleidung und Waffen der einzelnen Epochen. Den 35 Herrschern, allesamt Markgrafen, Herzöge, Kurfürsten und Könige und alle hoch zu Roß folgen die wichtigsten Vertreter der Kunst und der Wissenschaft. 18 Regenten aus diesem überlebensgroßen Reiterzug werden in diesem Buch vorgestellt.

mit zahlreichen Fotos
192 Seiten, kartoniert, Format: 12x20cm
ISBN 3-938325-12-7
9,90 Euro

edition Sächsische Zeitung